Vivants
jusqu'à la mort

Tanguy Châtel

Vivants
jusqu'à la mort

Accompagner la souffrance spirituelle
en fin de vie

Albin Michel

À toi qui m'accompagnes

« Le vrai problème n'est pas de savoir si nous vivrons après la mort, mais si nous serons vivants avant la mort. »

Maurice Zundel, *À l'écoute du silence*

Avant-propos

Ceux qui accompagnent les personnes en fin de vie, ainsi que je le fais depuis une dizaine d'années, savent d'expérience la pression formidable que la proximité de la mort exerce sur les êtres, les déchirements qu'elle provoque mais aussi les ouvertures qu'elle déclenche parfois. Dans ce moment où le sens de la vie prend souvent une coloration plus intense, la personne peut faire l'expérience d'une souffrance qu'on qualifie souvent de « spirituelle », mais dont les contours demeurent flous. J'ai tenté de comprendre quelque chose de cette souffrance non pas d'abord de manière intellectuelle et lointaine, mais de manière sensible et proche. Ce travail s'enracine donc dans ma propre expérience de l'accompagnement des personnes en fin de vie.

La partie la plus vive de cet ouvrage réside dans les quelques histoires rapportées, dans leurs bosses et dans leurs creux. Ce que je livre ici, ce sont en premier lieu des fragments de vie, qui contiennent parfois des vies tout entières. Ce sont des tabernacles qu'on n'aborde pas sans révérence, sans faire silence*. Leur mystère ne se décortique ni ne s'épuise. Ce que je livre aussi, ce sont mes propres impressions, mes questions, mes doutes, toute l'incidence de ces rencontres sur ma vie.

Ce n'est donc pas à proprement parler un travail de *chercheur* que j'ai entrepris, mais plutôt un travail d'*ami* : j'ai choisi d'accompagner les malades avant tout parce que j'avais le désir de le faire. C'est ensuite, auprès d'eux, en chemin, que j'ai pu ou cru découvrir quelque chose de cette « souffrance spirituelle ». J'essaie à présent d'en rendre compte d'une manière qui tente d'être à la fois sensible et méthodique, dans un pas de deux entre saisissement et réflexion.

J'ajouterai simplement ici que si la souffrance spirituelle se manifeste sans doute avec plus d'éclat à l'approche de la mort, il ne faudrait cependant pas l'attacher à cette seule circonstance. Elle est une réalité qui peut affecter chaque être humain au long de sa vie, à travers ses « petites morts » successives (les nombreuses épreuves et ruptures qui jalonnent sa vie), et pas seulement au moment de sa mort biologique. C'est pourquoi ce livre déborde la seule observation de la fin de vie qui constitue pourtant son socle. Il est une réflexion élargie sur la nature de l'être humain à travers ses aspi-

* Pour des raisons évidentes de respect de l'intimité, la plupart des noms figurant dans cet ouvrage ont été changés. Mais l'esprit de ces noms et leur signification générale ont été, autant que possible, conservés.

rations essentielles, et ce qui y est dit peut faire sens pour toute personne, fût-elle jeune ou en bonne santé. Il constitue donc moins une contemplation de la mort qu'une observation de l'être humain *vivant,* pressé de vivre avant de devoir mourir.

Premières fois

Place de Clichy. Je connais encore mal ce quartier bigarré si loin de mon monde. Dans une ruelle, je trouve cet hôtel, comme un hôtel de passe, avec son enseigne vieillie par la ville et par le temps. Face à l'entrée se trouve un petit comptoir en formica brun, râpé par les paumes d'innombrables clients fugaces, et sur le côté, deux fauteuils clubs défoncés faisant salon.

« Je viens voir M. Medjaoui, dis-je au gardien plongé dans un magazine.

– Quatrième droite », répond-il en me tendant une clé maigrelette suspendue à une lourde boule de métal avant de retourner, l'air absent, à sa lecture.

J'ai la clé. Ce sera donc à moi d'ouvrir. J'en suis surpris car je m'attendais plutôt à être accueilli. Je choisis l'escalier pour prendre mon temps avant arriver. Je ralentis sciemment mon pas. Cet événement-là, quelque chose en moi a choisi de lui attribuer une place à part, d'en faire une étape majeure dans mon histoire. Sûrement, j'en fais un peu trop en donnant tant de gravité à l'instant. Mais je veux vivre ces moments dans une certaine solennité. Comme pour une procession, je monte chaque marche en la détachant de la précédente. Je sens que ce jour est important, que je m'en souviendrai longtemps, toute ma vie peut-être. Je pressens que je suis au début de quelque chose. Dans le métro en venant, je me suis fait quelques images. Assez peu cependant, il me semble. Je suis assez étonné de mon calme malgré une certaine excitation. Ce n'est pas vraiment le trac. Ce n'est pas non plus du stress. C'est plus vague. Ni angoissé ni tranquille, je me sens plutôt comme… suspendu. Un peu hors du temps. Un peu irréel. J'ai un curieux sentiment, à la fois de vivre vraiment cet instant et d'en être le spectateur lointain. Cela m'arrive parfois quand je « m'oublie » un peu. Je vais où mes pas me guident. Cette expression singulière décrit bien cette ambiguïté, cette absence mêlée de présence, ce léger retrait de soi que j'éprouve alors. Je vais et me laisse aller en même temps.

Devant la porte, une dernière fois, je m'arrête. Je ne sais pas encore, bien sûr, ce qui m'attend. J'appréhende et je m'impatiente. Je veux savourer ces derniers instants d'innocence… Je veux croire que je peux encore reculer mais je sais que je ne le peux déjà plus. Je me prépare à l'improbable, j'espère l'inattendu. J'ai trente-cinq ans, j'hésite encore entre deux âges et je sens bien que je suis sur le point de franchir un seuil. Malgré les quatre étages, mon souffle est lent. Quand mon esprit s'est vidé, j'entre.

Je suis d'abord surpris de me trouver nez à nez avec un mur recouvert de papier peint défraîchi. La chambre fait un coude vers la droite et s'étend tout en longueur dans un boyau large d'à peine deux mètres cinquante. Je note d'emblée l'absence de lumière du jour, ce qui m'étonne en ce début d'après-midi. Un lit se tient devant moi. L'odeur me saisit alors, âcre, prenant à la gorge, mélange de médicaments, de sécrétions, de produits de toilette. Indéfinissable, écœurante, repoussante. J'avance cependant pour découvrir celui que je viens rencontrer. Il est allongé face à moi, le dos soutenu par deux oreillers. Son visage est émacié, long, très long, maigre, trop maigre. Sa peau est grisâtre, ses yeux écarquillés, un peu globuleux, ses cheveux coupés très court. Il me sourit avec peine, étirant son visage déjà déformé, découvrant, dans une bouche tordue, des dents jaunes et clairsemées et une langue gonflée et sèche. Un gros pansement recouvre sa gorge et son oreille droite.

« Mon Dieu », me dis-je simplement. La vision est terrible, presque moyenâgeuse.

Il m'invite à m'approcher d'un geste. Délicatement, il a extrait des draps salis une main fine aux doigts très longs. Il y a dans ce mouvement gracile une note claire et suspendue qui semble échapper à l'abîme, une délicatesse qui me saisit et éclipse le reste. À travers cette main qui ondule au vent comme le voile d'un palais d'Orient, je mesure que la grâce est encore – pour combien de temps ? – le prince véritable de ce temple de misère. Derrière le lit, des dizaines de boîtes de médicaments, un portique médical, des valises ouvertes, des affaires éparses se mélangent dans une pyramide désordonnée. Sur le côté, une porte qui donne sans doute sur une salle de bain, si j'en crois le carrelage que j'entrevois dans l'ombre. Et toujours pas de fenêtre…

« Bonjour, je m'appelle Tanguy. Je suis bénévole. Je viens vous rendre visite », dis-je, mal assuré, après un certain silence. J'ai pris soin de parler lentement et d'articuler, avec une voix aussi calme et douce que possible. Pour mieux supporter l'odeur, je respire par la bouche. Il a l'air gêné lui aussi. J'attends un peu. Il me fait signe de m'asseoir. J'attrape une chaise de métal recouverte d'un skaï qui fut peut-être vert et je m'installe aussi confortablement que possible, les jambes et le dos droits. Je remarque alors devant lui, en hauteur sur une tablette, un poste de télévision allumé. Il le regarde et je reconnais sur l'instant les images de cette terre rouge où je suis né, ces maisons naïves, ces chapeaux de paille, cette lumière blonde, cette peau cuivrée.

« C'est Madagascar ? » lui dis-je, pour engager une conversation, créer le premier lien. Il me regarde et retourne à la télé. Je réalise alors seulement que le programme est curieusement muet… « C'est Madagascar ? », je répète, plus fort et plus lentement. Il me regarde mais ne répond pas. C'est vrai ! Anne-Marie, l'infirmière référente, m'a dit qu'il était presque sourd. Que m'a-t-elle dit d'autre déjà ? J'ai pourtant bien relu mes notes dans le métro. Mon esprit s'est vidé en entrant. Ça me revient maintenant, par bribes. Algérien. Ancien diplomate. La soixantaine. Cancer du voile du palais. Brûlé par les rayons. Presque sourd. Souffre peu mais a peur. Fermé, probablement gêné. Peut boire. Nourri par pompe. Pris en charge par l'hospitalisation à domicile qui effectue une visite quotidienne le matin. N'a personne en France à l'exception d'un cousin à qui appartient l'hôtel. A coupé les liens avec sa famille. Voilà le peu d'informations qu'elle a pu me transmettre après la visite qu'elle lui a rendue pour valider l'intervention d'un bénévole. Voilà tout ce que je sais de lui, c'est-à-dire presque rien. Des fragments, juste des indices qui ne sauraient rendre vraiment compte d'une personne. Lui ne sait rien de moi. Il ne dit pas un mot. Et il n'entend plus. Je mesure que cela va sans doute être plus compliqué encore que ce que je m'étais imaginé. Nous y voilà donc…

Je suis ici pour « accompagner » cet homme malade. Nous allons passer quatre heures ensemble cet après-midi, un simple après-midi d'automne… Il souffre d'un cancer désormais incurable. Il a le côté droit du visage et la gorge brûlés par ses traitements. Il a perdu l'ouïe. Il ne parle plus, respire mal et saisit régulièrement un masque à oxygène pour calmer ses halètements. Il n'a plus de forces, ne se lève pratiquement pas, ne quitte jamais sa chambre sans fenêtre, borgne comme un placard, tombeau avant l'heure… Sa seule fenêtre, c'est la télé d'où ne sort aucun son. Il ne lit pas, pas assez de forces. Il n'écrit pas, trop tremblant. Il ne fait rien de la journée, il attend, il espère, il désespère. Déraciné, loin de son pays, loin des siens, il est exilé en terre étrangère, en terre froide, en terre d'ombre, naufragé place Clichy. Banni, abandonné…

C'est ma première fois, mon premier accompagnement, « mon » premier malade. À l'issue de ma formation, j'ai choisi d'intervenir à domicile parce qu'on m'avait dit que les accompagnements y étaient souvent plus intenses, plus profonds, puisque, à la différence de l'hôpital, nous ne voyons qu'une seule personne à chaque fois et longuement. Plus rude, mais plus fort, m'avait-on dit. Un face-à-face sans fard. C'est ce que j'espérais. J'aurais dû théoriquement être parrainé par un bénévole plus expérimenté, mais nous ne sommes pas très nombreux et Anne-Marie m'a jugé apte à y aller seul. Je l'ai voulu. J'y suis.

Il me tend un papier sur lequel sont inscrits les effets de la récente radiothérapie qu'il a subie et qui, d'après le document, peuvent se prolonger pendant six semaines. Afin que je sache, afin que je comprenne pourquoi nous en serons ainsi réduits à communiquer par des signes approximatifs. Ce que je comprends aussi, c'est que pas plus que moi il n'est encore complètement familiarisé avec sa situation. Tout cela est encore très frais, si étrange et si étranger pour lui. Il me demande de parler, de lui dire n'importe quoi, comme si mes paroles allaient lui faire du bien, du bien à sa surdité, du bien à sa solitude. J'acquiesce. Cela brisera mon silence à défaut de pouvoir entamer le sien.

Rapidement, je réalise cependant que je n'ai pas envie de parler, pas envie de meubler. Je pressens qu'au-delà de ce semblant de communication, rendue sensible par le ballet de mes lèvres, de mes yeux, de mes mains, peut poindre une relation véritable qui se tiendrait peut-être au-delà des mots. Ce silence, j'ai envie de le partager également, pas de le rompre. Puisqu'il constitue désormais son monde, je veux tenter de l'y rejoindre. Dès le premier jour, je découvre qu'accompagner ce n'est pas forcément poser une parole. C'est plus souvent habiter ce silence dans lequel quelque chose se dit qui nous échappe pourtant. Et accepter que cela nous échappe. Les circonstances où la communication est devenue très limitée n'empêchent pas l'accompagnement. Je vais vite découvrir qu'elles peuvent même le densifier.

Il paraît très las. Est-ce déjà de ma présence ou du constat amer de ce silence invincible ? Saisissant quelque chose de sa détresse, je lui demande s'il veut m'en parler. Dans un sourire triste et digne, il me répond avec des gestes qui semblent dire : « Je garde cela pour moi. » Nous allons tenter de nous rencontrer tout en gardant des choses pour nous. Régulièrement, il est pris de nausées, crache le peu qu'il peut dans une cuvette ou sur un mouchoir souillé, et s'en excuse d'un geste de la main. Parfois, il brise l'économie de mots dans laquelle il tente de se ménager. Il tient à me dire, dans des sons brouillés, qu'il a choisi de quitter l'hôpital car il n'apprécie pas beaucoup le personnel hospitalier. Est-ce une mise en garde à mon égard ? De plus l'hôpital est trop coûteux. Il n'a aucune prise en charge financière de son traitement qui lui a déjà coûté, depuis neuf mois qu'il est en France, l'équivalent de trente mille euros, me dit-il dans un murmure qui semble l'épuiser. Son patrimoine !

L'après-midi passe, lent et tranquille. Des regards, peu de mots, rien de trop. Je suis étonné que ce soit passé si vite. C'était si plein… Je ne me serais jamais cru capable de soutenir un tel silence si longtemps. Je m'étonne moi-même. Ce ne fut pas difficile, même pas gênant. Avant de partir, je lui explique que les bénévoles fonctionnent en binôme et que la semaine prochaine – s'il en est d'accord –, il recevra à ma place la visite d'Annie. Moi, je reviendrai – s'il en est aussi d'accord – dans deux semaines. Il me remercie, me dit que c'est très important pour lui, ma visite, et qu'il préférerait me revoir moi. « Parce que je vous connais », lâche-t-il dans l'effort d'un souffle. Il ne voit quasiment personne, à part l'infirmière du matin. N'aurait-il plus que nous au monde ? Mais bon, d'accord pour Annie, mercredi prochain, 14 h 30…

Au moment de partir, je tente de serrer sa main qu'il retire aussitôt. Comme s'il refusait que je le touche. Tout en inclinant lentement la tête et en fermant les yeux, il préfère me saluer, paume à plat sur son torse avec cette grâce qui ne le quitte pas. Une manière d'exprimer sa reconnaissance, je suppose. Je sors dans un sourire triste. C'était ma première première fois.

La semaine suivante, c'est encore moi qui me tiens devant la porte de sa chambre. Annie n'était pas disponible. J'hésite. Comment a-t-il réagi aux traitements, sera-t-il plus vif ou plus éteint ? M'accueillera-t-il avec un sourire ou des larmes ? Se souviendra-t-il seulement de moi, de notre rencontre ? Et moi, comment vais-je réagir cette fois, alors que je sais maintenant à quoi il ressemble, que j'ai encore en mémoire les odeurs mélangées et repoussantes de sa geôle, que je sais le probable silence qui m'attend ? Deuxième première fois.

Je comprends à cet instant qu'entrer dans la chambre d'un malade, c'est toujours une première fois, même quand on le connaît déjà. J'ai l'intuition qu'il me faut laisser derrière la porte ce que je sais de lui, qu'il me faut déposer mon savoir sur lui au vestiaire et entrer, cette fois encore, *cette fois surtout*, nu et désencombré, vierge de toute projection, aussi neuf et accueillant qu'il est possible. Pour accueillir l'inattendu, en m'abandonnant, non sans vertige, non sans confiance, à la providence et au mystère imprévisible de la relation. *La fois d'avant*, les premiers souvenirs, le début d'histoire en commun, je les retrouverai plus tard en sortant, et ils viendront m'aider à mettre des mots sur ce qui se joue, sur ce qui se vit dans cette singulière aventure, et à construire le début d'une expérience encore frêle. Mais là, aujourd'hui, ils seraient comme un voile entre lui et moi. Il y a déjà bien assez de voiles…

Je suis encore devant cette porte. Je peux maintenant

y frapper. Est-ce un réflexe, est-ce par décence ? Je sais que c'est inutile, qu'il ne m'entendra pas et ne viendra pas m'ouvrir. C'est pour cela que j'ai la clé de sa chambre. Frapper pourtant est important. C'est ainsi que je peux lui signaler que, pour moi, son intimité et sa dignité demeurent intactes. Je n'entrerai pas dans sa vie sans égard, sans m'annoncer. Je frappe et j'entre.

Nous voici seuls à nouveau. Il me demande de parler encore de moi. Décidément, je peine à le faire. J'ai l'impression de mots vides, tellement décalés. D'un simulacre de dialogue. Je me dis que cela le sort peut-être de ses labyrinthes intimes, que c'est un peu du monde extérieur qui rentre dans cet antre clos. Mais je sens bien que je me force. Les silences, cette fois, sont lourds. Il parle un peu alors, mais j'ai beaucoup de mal à le comprendre malgré ses efforts. Il me dit qu'il est né en Algérie, qu'il aime passionnément la pêche en rivière. Je me le représente dans quelque oued ensoleillé. Subitement, le temps d'un silence, nous y sommes et c'est beau… Il aime également les échecs, mais est trop fatigué pour y jouer. Il adore la musique, mais ne peut en écouter, même au casque. Tous ces renoncements…

Les difficultés de communication n'ont pas vraiment permis d'aller très loin au moment où il évoquait ses inquiétudes autour de sa prise en charge médicale. J'ai le sentiment d'avoir été un peu distant aujourd'hui, de ne pas avoir tout à fait trouvé la voie où le rejoindre, de ne pas avoir su vraiment écouter sa détresse, malgré mes tentatives. Cela me met dans un état de tristesse et d'impuissance que seul un bain chaud parvient à dissiper à mon retour. Je commence seulement à fréquenter l'impuissance. Je ne sais pas encore qu'elle deviendra vite ma précieuse compagne.

Je reviens le lendemain pour lui présenter Annie, qui sera mon binôme à ses côtés. Devant elle, sans un mot, il joint l'index et le majeur de sa main droite, et de son index gauche qui fait un va-et-vient entre lui et moi, il nous signifie qu'il nous tient déjà pour les deux doigts d'une même main, distincts mais unis. J'en suis d'abord touché, surtout après les doutes qui m'ont assailli la veille sur ma capacité à me rendre réellement présent à cet homme. J'en suis ensuite gêné. Laissera-t-il une place à Annie à l'heure où j'ai déjà pris une certaine importance dans sa vie ?

Pendant quelques semaines, les accompagnements se poursuivent de manière alternée. Il est vrai qu'Annie dit ne pas se sentir très à l'aise avec lui. Mais, fidèle aux consignes de l'association qui visent à nous ménager, je résiste à la tentation d'aller le voir plus d'une fois tous les quinze jours. Notre relation s'approfondit en se simplifiant. Peu de paroles, beaucoup de regards, et une qualité de présence qui se renforce. Tout cela est tellement plus simple que je ne l'aurais cru.

Et puis un jour, j'apprends que son état s'est dégradé. Il a été transféré d'urgence à l'hôpital Georges-Pompidou. Ma visite est donc annulée. Une autre, avec un autre patient, est alors programmée. Ma mission auprès de M. Medjaoui est transmise aux bénévoles de

Pompidou. C'est la règle et elle se comprend bien puisqu'elle vise aussi à préserver le bénévole d'un trop grand attachement qui le ferait souffrir à l'heure de l'inévitable séparation. D'autres, ailleurs, sont également dans le besoin. J'entends, je comprends, j'acquiesce. C'est déjà l'heure de mon premier deuil.

Je décide cependant, le dimanche suivant, d'aller à l'hôpital pour lui rendre une dernière visite privée, sans en informer personne. Première « transgression ». Mais il m'a semblé que ne pas y aller aurait été une trahison, un abandon, n'ayant pas eu l'occasion de lui dire au revoir. Il dort. Je m'installe et le veille sans le réveiller. Après un temps, je sors et croise l'infirmière qui me dit qu'il sera rapatrié demain lundi vers l'Algérie pour mourir sur sa terre. Je reviens et le veille encore. Il est plus gris, plus maigre, décharné. Et pourtant, il a toujours cette élégance qui ne l'abandonne pas, qui le constitue dans l'intimité de son être. Ce raffinement oriental qui, à force d'être culture, a fini par devenir chez lui substance. Enfin, il se réveille. Il est épuisé, essoufflé. Il me voit et son regard s'éclaire brièvement avant de retomber, sans force. Je lui tiens la main qu'il tente de serrer, avant de la retirer. Il a toujours refusé que je le touche. J'ai cru y lire, sans doute naïvement, une manière toute musulmane de me préserver de ce qu'il considérait peut-être comme une impureté liée à sa maladie. Mais je devine la joie qu'au cœur de cette épreuve il éprouve à me voir. Pas un mot. « Être là » prend dans ces moments une simplicité, une profondeur insondable, une éternité… Il y a des partages de vie au seuil de la mort qui, pour quelle raison mystérieuse, ne peuvent avoir lieu avant. Le silence est leur écrin. Je le quitte à regret. Je sais qu'il le faut. Nous ne nous sommes rien dit. Et nous nous sommes tout dit. Il arrache un « Merci » de ses entrailles. Je réponds simplement : « Ami. » Je sors et je pleure, une première fois…

Houari Medjaoui est mort dans son brancard, dès sa sortie de l'avion, sur sa terre d'Algérie. Je l'ai su, on me l'a dit plus tard, et je me suis alors souvenu qu'au même moment, sur un trottoir de Paris, mon ventre, sans raison apparente, était parcouru de spasmes violents, à m'en tordre de douleur. J'avais d'abord cru à une forme aiguë de constipation. Cela m'avait également rappelé les contractions de la naissance que j'avais pu observer chez ma femme. Ce n'est que plus tard que j'ai compris que nous étions sans doute, mon ami Houari et moi, liés par-delà notre conscience même de l'être. Nous sommes-nous à ce point entendus ? Nous sommes-nous à ce point reconnus ? Étrange et mystérieuse force qui a continué de nous relier, se jouant des distances.

Ce premier accompagnement, il est vrai exceptionnel, m'a touché au plus profond de mes entrailles. Il m'a permis de mettre le doigt sur une exigence essentielle de l'accompagnement. Est-il possible de vivre la relation comme si c'était toujours une « première fois », surtout quand on connaît déjà la personne ? Comment s'assurer que la relation conservera toute sa spontanéité joyeuse, sa novation, sa fécondité surprenante ? Non seulement avec une personne qu'on a déjà vue une fois ou deux, mais a fortiori avec tous ceux qu'on croit très bien connaître, son mari, sa femme, ses enfants, ses parents, ses amis, *comme si c'était la première fois* ? Avec le même esprit d'ouverture, d'accueil, de découverte et d'enchantement qu'au premier jour ? Sans rien perdre cependant de cette densité, de cette profondeur, de cet humus que seule la longueur de temps apporte, sans rien perdre de l'histoire patiemment construite et partagée ? Je devine qu'il y a derrière cette question en apparence simple une profondeur vertigineuse. Au terme de ce premier accompagnement, je comprends quelles sont les hautes exigences de cette singulière relation et que pour atteindre à ses sommets ou à son cœur, l'accompagnement doit pouvoir échapper au temps, s'échapper un temps, et s'affranchir du savoir et des histoires. Quelle serait la réelle bienfaisance d'un accompagnement qui démarrerait sur un cortège de « Je sais déjà que… », qui nierait à l'être humain sa nature même d'être changeant en le réduisant à un « déjà connu » ? L'accompagnement est donc une chance de sortir du temps, de sa linéarité, pour accéder, même furtivement, à un *jamais vu*.

La souffrance spirituelle : une question impertinente ?

Depuis cette première fois, j'ai accompagné en tant que bénévole de l'ASP fondatrice[1] des dizaines de personnes gravement malades, la plupart en fin de vie. Au cours de la formation initiale qui me préparait à cette tâche, une question m'était apparue que je posai candidement : « Quelle attitude les bénévoles laïques que nous sommes doivent-ils adopter s'ils se retrouvent face à un malade en proie à une souffrance spirituelle ? » Cette souffrance étant admise en théorie par les soins palliatifs, je croyais sincèrement qu'il s'agissait d'une question banale, qui avait dû être souvent posée par ceux qui m'avaient précédé tant la fin de vie me semblait être de nature à faire jaillir ce type de question. J'espérais un éclairage simple et des consignes aussi précises que rassurantes. On m'opposa seulement un cinglant « Pas de prosélytisme ! », signe que c'était ce dont j'étais aussitôt suspect. Je comprenais bien le sens de cette interdiction visant à protéger le malade des risques d'emprise dans le contexte physiquement et psychiquement fragilisé d'une fin de vie. L'histoire des soins palliatifs avait parfois été marquée par quelques excès de gens trop bien intentionnés… Mais en l'occurrence, ma question ne portait pas sur le sort à réserver aux croyances des bénévoles. Elle portait à l'inverse sur ce qu'il convenait de faire pour proprement accueillir et accompagner – c'est-à-dire sans projeter son propre monde – les interrogations et convictions éventuelles du malade. En dehors de cette prohibition sans nuance, aucune approche positive de cette question ne semblait exister. Il en résultait que, sauf quand il est expressément assuré par des religieux qui semblaient en l'espèce investis d'une sorte de légitimité exclusive, l'accompagnement dans le registre spirituel devait se réduire, de la part des laïcs, à une abstention prudente.

Cela me semblait tout de même un peu court. On nous conseillait donc de faire ce que font souvent les psychologues : renvoyer la question à l'expéditeur. Du genre « Pourquoi dites-vous ceci ? » ou « Et vous, qu'en pensez-vous ?… ». Je ne me voyais pas aisément botter ainsi en touche sur un sujet aussi sensible. Mais je ne voyais pas bien non plus comment faire pour ne pas botter en touche. La question ne semblait toutefois laisser personne indifférent. Pourtant, en dehors d'écrits généraux et subjectifs, je ne trouvais pas grand-chose qui puisse vraiment être utile à la pratique. Je ne comprenais pas que cette question puisse ainsi rester dans un tel évitement, dans une telle jachère. Dès l'origine, il s'avérait que j'avais mis le doigt sur une question qui allait se révéler, au gré de mes investigations, constituer le cœur même de la notion d'accompagnement. Pour autant je ne me sentais pas encore l'étoffe du spéléologue prêt à s'attaquer à un tel gouffre. C'est une femme malade qui m'y précipita.

Mme Épiphane était une ancienne infirmière qui, connaissant son état de santé, était très angoissée à l'idée de mourir. Elle se demandait pourquoi elle avait rechuté. Elle se reprochait d'avoir négligé sa santé, retardé des examens nécessaires, ignoré des signaux. Elle s'imputait la faute de devoir mourir, bientôt, trop tôt. Pendant des semaines, je l'ai accompagnée au gré de ses inquiétudes diverses portant tantôt sur sa difficulté croissante à boire un verre d'eau, tantôt sur les affaires de sa maman récemment décédée et laissées en vrac, tantôt sur la capacité de son mari à tenir le coup. Et puis un jour, sans crier gare, elle me parle de Dieu et de son silence incompréhensible. Celui-ci l'a pourtant, dit-elle, longtemps accompagnée dans sa maladie. Mais il demeure depuis quelque temps désespérément silencieux. Elle en est déchirée, torturée. Elle mesure qu'il y a là sans doute un enjeu spirituel, mais elle se sent tellement seule, livrée à elle-même. Elle revient sans cesse à ce silence de Dieu qui la laisse à vif. Elle pleure beaucoup du fait de son sentiment de culpabilité, de son vide spirituel mais aussi d'une certaine angoisse de l'après. Elle se plaint de ne pas réussir à prier seule. J'hésite avant de lui offrir de prier avec elle. « Peut-être », dit-elle… Nous n'y reviendrons pas. Face à cette femme qui faisait explicitement référence à la question de Dieu, je me suis senti plutôt mal à l'aise. Je cherchais une voie qui soit aussi aidante et respectueuse de sa quête que possible. Posture délicate, sans filet, entre ni trop ni trop peu. Faute de savoir quoi faire, j'ai surtout été le témoin d'une souffrance de fond qui tentait d'émerger, dans quelques soubresauts, de la masse confuse de ses autres inquiétudes.

Cet accompagnement est venu me confirmer que la souffrance spirituelle n'est pas une simple vue de l'esprit mais une situation complexe qui se rencontre bel et bien en pratique. Pour autant, il ne suffit pas qu'elle soit observée sur le terrain. On ne peut se contenter de paraphraser André Frossard à propos de Dieu[2] et dire : « La souffrance spirituelle existe, je l'ai rencontrée. » Il faut donc pouvoir la définir méthodiquement. Car cette question constitue un triple défi : un défi clinique pour la repérer derrière les symptômes courants des souffrances psychiques (angoisse, dépression, mutisme, prostration, colères, visions, délires, etc.) ; un défi éthique pour l'accompagner de manière compétente et juste ; un défi sociétal voire politique pour définir la portée et les limites de cet accompagnement qui s'exerce désormais dans le cadre public et laïque du système de santé. Elle constitue donc une question de soin autant qu'une question de société.

Une question de soin

Ce sont les soins palliatifs qui ont les premiers légitimé la notion de souffrance spirituelle. Les soins palliatifs ont surgi en Angleterre à la fin des années 1960, portés par des soignants révoltés devant l'absence de lutte contre la douleur et écœurés de la mise à l'écart (pour ne pas dire au rebut !) des malades incurables. En France, le corps médical tarda à s'engager dans cette voie. La première unité de soins palliatifs (USP) et la première équipe mobile (EMSP) ne furent créées qu'en 1987 et en 1989, soit vingt ans après les Anglais ! Dix ans plus tard, la loi du 9 juin 1999 reconnut enfin à « toute personne malade dont l'état le requiert le droit d'accéder à des soins palliatifs et à un accompagnement ». C'était hier.

Dès l'origine, ce mouvement était porteur d'une vision simple réhabilitant la notion de soin dans sa globalité : en toutes circonstances, tout doit être fait pour atténuer au maximum les souffrances physiques et même morales des malades, guérissables ou non, afin de leur permettre de conserver, dans leur épreuve, la meilleure qualité de vie possible. Après toutes ces années, il est désolant de constater que les soins palliatifs continuent d'être considérés comme des soins réservés aux mourants*, car leur ambition a toujours été plus

* Le terme même de « mourant » est aujourd'hui discuté et son emploi critiqué (cf. Higgins R.W., « L'invention du mourant :

vaste. Ils sont en réalité venus renouveler toute la réflexion sur la nature et le sens de la vie, de la souffrance et de son accompagnement, en l'actualisant dans le contexte de la médecine moderne. Partant de l'observation de la fin de vie mais ne s'y réduisant pas, ils ont permis de mieux comprendre que la souffrance chez l'être humain est un ensemble de souffrances diverses qui se combinent de manière complexe.

La première d'entre elles, la plus évidente, est la douleur physique : grâce aux avancées scientifiques, les mécanismes de la douleur sont aujourd'hui mieux connus. Avec le recours généralisé aux antalgiques et à condition d'avoir suivi une formation sérieuse (ce qui demeure encore trop rare !), la douleur physique peut

---

violence de la mort pacifiée », *Esprit,* janvier 2003). Sans entrer dans une polémique qui déborderait le cadre de cet ouvrage, je choisis cependant d'y recourir pour deux raisons essentielles. D'abord parce que l'être humain qui prend soudain conscience que la mort est proche entre dans un cheminement psychique voire spirituel particulier, et que le mot de « mourant » dit quand même quelque chose de ce parcours. Ensuite parce que nous devrions en toute logique nous considérer tous comme des « mourants » du simple fait de notre naissance qui nous achemine inexorablement vers notre mort, même tant que nous demeurons en bonne santé. Ce mot, s'il est bien entendu, ne saurait donc servir à stigmatiser une catégorie de personnes, soit pour les héroïser, soit pour les exclure. Le terme « mourant » ne doit donc ici être entendu ni avec condescendance ni avec idéalisation, mais comme le simple descripteur d'un vécu et d'un état de conscience particuliers.

aujourd'hui, dans la plupart des cas, être considérablement réduite, voire supprimée. Ce soulagement est primordial. Car on constate que derrière la douleur, masquées par son caractère dominant, se tiennent d'autres souffrances qui sont bien réelles quoique plus discrètes. Ces souffrances ont été identifiées comme la souffrance psychologique, la souffrance sociale et la souffrance spirituelle.

Au cours des dernières décennies, à force d'être étudiées précisément, les souffrances physique, psychologique et sociale ont pu être mieux appréhendées. Elles peuvent être désormais mieux soulagées grâce à l'intervention de personnes de plus en plus qualifiées : médecins, infirmières, aides-soignants, kinésithérapeutes, etc., pour la douleur physique ; psychiatres, psychologues, psychanalystes pour la souffrance psychique ; assistantes sociales et bénévoles pour la souffrance sociale.

La reconnaissance de la souffrance spirituelle a quant à elle été admise en théorie. Elle semble à première vue logique : on peut admettre en effet que la proximité de la mort soit de nature à engendrer une souffrance d'ordre spirituel (à travers par exemple le jugement de sa vie, la difficulté à donner un sens aux épreuves, les failles de ses croyances ou de son système de valeurs, l'incertitude devant l'inconnu de la mort, etc.). Mais quels pourraient en être les manifestations, les symptômes ? Faute d'avoir été suffisamment explorée, la question de la souffrance spirituelle reste à ce jour le parent pauvre des soins palliatifs et du soin en général.

On note deux obstacles sérieux à ce que cette souffrance d'un genre particulier puisse être autant légitimée que les autres.

Le premier, c'est qu'elle n'est toujours pas clairement définie. Elle semble a priori aller de soi alors qu'elle ne va justement pas de soi. Si la doctrine admet pudiquement que le mourant ou le malade atteint d'une pathologie grave puisse faire face à des « problèmes spirituels », la question de savoir quelle est la nature réelle de cette souffrance et comment l'accompagner dans ce registre demeure soigneusement évitée. Cela tient notamment à la difficulté sérieuse (peut-être insurmontable) de définir ce qu'est le spirituel, et cela malgré l'ampleur des réflexions, essentiellement religieuses, sur ce sujet (ou peut-être justement à cause d'elles). Sans éléments précis de définition sur ce point, la souffrance spirituelle reste, dans le champ du soin, une notion évanescente dont les causes, les symptômes, les dégâts et le traitement demeurent largement indéterminés, bref, dont l'existence même est douteuse.

Le second obstacle tient aux conditions de son accompagnement. En pratique, c'est vers des religieux ou des aumôniers qu'on oriente spontanément un malade qui présenterait des signes (mais lesquels ?) de souffrance spirituelle. Ceux-ci demeurent identifiés comme les principaux détenteurs d'une compétence en matière spirituelle et en tout cas les seuls praticiens officiellement admis dans l'espace public de l'hôpital. Or c'est aujourd'hui un fait, de moins en moins de personnes se reconnaissent dans une religion instituée[3]. Échappent-elles pour autant à tout questionnement spirituel et à la possibilité d'être accompagnées également dans ce domaine ? Il ne semble plus guère possible aujourd'hui de limiter la spiritualité aux seules religions et la prise en charge de la souffrance spirituelle aux seuls ministres du culte qui, s'ils disposent effectivement du matériau symbolique et sacramentel ainsi que du savoir-faire et de l'expérience pratique, ne sont pas forcément les personnes les plus ajustées au besoin particulier de chaque malade. Et quand bien même le malade aurait une religion, que faire si, pour des raisons qui lui appartiennent, il préfère partager quelque chose de cette intimité-là avec un non-religieux ?

Sogyal Rimpoché écrit dans *Le Livre tibétain de la vie et de la mort* que ce qui l'a le plus perturbé quand il est arrivé en Occident, il y a près de quarante ans, c'est « l'absence presque totale, dans cette culture moderne, d'une aide spirituelle à l'intention des mourants. Au Tibet, [...] chacun possédait une certaine connaissance des vérités les plus élevées du bouddhisme et entretenait une relation plus ou moins suivie avec un maître. Personne ne mourait sans que la communauté ait pris soin de lui, tant à un niveau superficiel qu'à un niveau plus profond. En Occident, par contre, j'ai maintes fois entendu parler de personnes mourant seules, désabusées, dans une grande détresse et sans aucune aide spirituelle. [...] Où que j'aille en Occident, je suis frappé par la grande détresse psychique que provoque la peur – avouée ou non – de mourir[4] ».

Sur la fin de leur vie, nombreux sont les malades qui cherchent à se réconcilier, à faire cesser leurs déchirements, qui aspirent à davantage d'unité et de paix intérieure, et qui ont pour cela besoin de soutien. Il est douteux qu'on puisse répondre à cet appel en s'en détournant. Éluder la question de la souffrance spirituelle au prétexte qu'elle dérange conduit en pratique à tolérer des *déserts d'accompagnement*. Que deviennent dans ces conditions l'exigence de « non-indifférence » d'Emmanuel Levinas et le « devoir de non-abandon » qu'Emmanuel Hirsch inscrit dans son prolongement[5] ?

Une question de société

La question de la souffrance spirituelle semble donc devoir nous entraîner au-delà du champ du soin. Elle se pose également comme une question de société particulièrement épineuse et peut-être aussi particulièrement urgente aujourd'hui, dans un contexte culturel en panne de lien, exposé à l'exclusion, et en panne de sens, exposé au désenchantement[6]. Au nom de quel idéal politique, de quel principe de précaution, de quels lointains tabous cette question subit-elle cette silencieuse relégation loin du débat public, de ses tensions mais aussi de ses lumières ?

La première raison tient à la confusion persistante

entre les notions de spirituel et de religieux. Historiquement, elles ont toujours été amalgamées. On peut alors comprendre pourquoi toute question spirituelle, dès qu'elle touche au domaine public, réveille la crainte des anciens conflits autour de la religion. Ceux-ci ont laissé des traces profondes en particulier au cours de la « guerre des deux France » et lors de l'adoption en 1905 de la loi de séparation de l'Église et de l'État. Or la question du spirituel/religieux, qui semblait depuis réservée à la sphère privée, investit désormais ouvertement le débat public et vient bousculer, à l'hôpital ou encore à l'école, les anciennes frontières d'une laïcité contrainte de se redéfinir. Pour autant, spiritualité et religion, quoique proches, ne doivent pas être confondues et doivent même désormais être envisagées distinctement. Notons simplement déjà que si le questionnement spirituel concerne chaque être humain, le questionnement religieux ne concerne, lui, que les croyants inscrits dans une religion.

La deuxième raison tient à la stricte séparation qui prévaut en France entre sphère privée et sphère publique. Or comment aborder aujourd'hui, dans notre pays, des questions comme la prise en charge publique de la fin de vie et son cortège de questions intimes, qui se situent à la jonction de ces deux sphères ? L'hôpital est pourtant désormais leur lieu de rencontre. Les souffrances de la fin de vie et l'exigence de les soulager ne nous convoquent-elles pas désormais à une dissolution circonspecte de ce clivage public/privé, notamment sur les questions qui engagent le psychisme ? Peut-on répondre à un mourant : « Votre corps intéresse la collectivité, mais votre esprit n'intéresse que vous » ?

La troisième raison est que la souffrance spirituelle touche à des moments clés de la vie. Or comment notre société occidentale rend-elle compte aujourd'hui de ces moments essentiels, en particulier celui de la mort ? Quelles représentations en promeut-elle ? Quel sens en donne-t-elle ? Comment nous y prépare-t-elle ? La mort a été tellement longtemps tenue à l'écart de la scène publique et reléguée aux cercles reclus des hôpitaux que ce qu'elle pouvait avoir de signifiant semble avoir été oublié. La mort réelle, intime (et le mourant avec elle) a progressivement été remisée aux oubliettes de la modernité. Elle a été remplacée par une mort virtuelle, médiatisée, visuellement agressive mais au fond plus anonyme, plus banalisée et en même temps davantage mise en scène, une mort plus visible et paradoxalement moins dérangeante. On observe cependant depuis peu que la question de la mort et de la place des derniers instants de la vie est en train de redevenir une question de société, une question de cohésion sociale. L'homme contemporain occidental semble redécouvrir qu'il ne peut plus nier la mort – la sienne comme celle des autres, leur point de partage en sorte – et que, dès lors, *il doit la prendre en main.*

« Si l'homme n'était pas éphémère… »

M. Leprêtre a environ soixante-dix ans. Il se dégage vite de lui une autorité et une sévérité qui surprennent. Malgré sa position recroquevillée en chien de fusil, malgré ses draps en bouchon qui témoignent de la virulence des batailles qui se tiennent là, malgré son pyjama ouvert sur un torse creusé qui atteste, dans sa maigreur, que la fin est sans doute proche, il conserve une aura forte. Cela tient sans doute à son regard, agité et hagard, mais également vif et conquérant ! Le regard d'un chef, aux abois mais pas encore abattu ! Un embout discret, relié à un fin tuyau transparent, entre dans ses narines pour y délivrer, par vagues régulières, des renforts d'oxygène afin de soutenir son souffle trop court. Le flacon du respirateur fait des chapelets de bulles sonores. C'est assez bruyant et plutôt dérangeant, moins cependant que les habituels crachotements de la télé, ce faux ami des solitudes ultimes qui là, pour une fois, n'est pas allumée.

D'emblée, il rejette poliment mais fermement ma

visite : « Non merci ! Ma femme va revenir dans un instant. » Il dit cela avec une telle autorité que je suis d'abord tenté d'obtempérer. Il a un ton militaire alors qu'il fut, il me le confiera plus tard, chef d'entreprise, conseillant également des grands patrons et des hommes politiques. Mais il est déjà 21 heures et je doute donc que sa femme soit encore là, d'autant qu'il n'y a ni sac ni manteau dans la chambre. Comme je perçois maintenant chez lui une certaine fébrilité, je lui propose, histoire d'établir le contact en douceur, que nous attendions ensemble son épouse. Sur sa table de nuit repose une carte postale du village de Châtel, facétie du sort.

Il me dit qu'il est arrivé cet après-midi, il y a deux heures. Je sais qu'il est là depuis plusieurs jours déjà. L'insondable lenteur du temps à l'hôpital fait souvent perdre les repères. Mais il y a ici plus sans doute. Il se révèle assez perturbé quand il affirme soudain que c'est un lieu où on le retient de force. Il ne paraît pas savoir que nous sommes dans une unité de soins palliatifs. Peut-être pense-t-il plutôt à quelque hôpital psychiatrique car, comme je l'écoute sans le contredire, il m'invite, de son index tendu, à me rapprocher pour me glisser à l'oreille dans un chuchotement : « C'est un endroit où on drogue les gens de force, une sorte de secte. » Il a dit cela très lentement mais avec un air de résistant aux aguets. Je mesure vite que cet homme, en apparence simplement agité, est en fait intérieurement très tourmenté, ce qui peut en partie expliquer une certaine confusion mentale.

Pendant l'heure que nous passons ensemble, il ne cessera d'appeler sa femme malgré mes tentatives de l'apaiser. Cette absence le tracasse. Mais est-elle la vraie cause de son angoisse ou le simple support sur lequel celle-ci se fixe en ce moment ? L'anxiété retombera-t-elle soudain dès le retour de l'épouse attendue, ou se reportera-t-elle ailleurs, sur un autre sujet, révélant une cause plus profonde et plus secrète ?

Le contact passe. Je le regarde avec tranquillité et je respire posément pour lui faire partager tout le calme dont je suis à cet instant capable. Je suis là, bien là. Mais lui, où est-il ? Il s'échappe. Il est comme ballotté entre deux mondes, un instant ici avec moi, l'instant d'après ailleurs, avec quels fantômes, avec quels fantasmes ? Il oscille sans cesse, il peine manifestement à se poser. Après tout, n'est-il pas naturel au seuil du grand saut d'être fluctuant et suspendu sans plus très bien savoir où on est ? Face à cet homme en bout de course qui se tord devant moi et dont les yeux vifs cherchent follement un appui, je m'efforce par le regard et par le souffle d'être son ancre, son havre, son port d'attache, dans cette réalité ici et maintenant.

Régulièrement, il doit s'interrompre pour reprendre un peu d'air et le flacon crépite encore. Au bout de sa respiration, ses yeux se closent et j'ai l'impression de le voir se recueillir dans quelque sanctuaire secret qui m'est fermé, mais au seuil duquel il me permet de me tenir. Ces moments réguliers où il se réfugie en lui pour y boire ces précieuses bulles d'air sont plus qu'un ressourcement : un *recueillement*. Puis il revient, se tend et mobilise toutes ses forces pour ce qui va lui demander un effort : parler. Je lui réponds brièvement pour ne pas le fatiguer. Mais il relance toujours. C'est par la parole, pourtant coûteuse, qu'il affirme encore son existence. C'est par mon accueil et mon écoute que je la lui atteste.

Un soir, dans un de ces crépuscules de la conscience, dans un de ces fréquents moments où son esprit se perd et où mon attention flotte en écho, cet homme, sans crier gare, s'arrête, me fixe intensément et lâche en détachant avec autorité chaque mot : « Vous savez, il n'y a pas de pouvoir ! »

Je suis tout ouïe. « Il n'y a pas de pouvoir », insiste-t-il, le regard plus loin. Est-ce un propos réfléchi ou une bulle d'inconscience de plus ? Ce regard intense qui revient sur moi ne me permet pas de douter : il est là, bien présent. Que veut-il me dire ? Fait-il référence à cette recherche de pouvoir qui a peut-être été la sienne en tant que grand patron et qui lui apparaîtrait in fine bien vaine ? Ou pense-t-il plutôt à sa maladie qui l'oblige à se soumettre et à faire l'expérience de l'impuissance et de l'impasse ? Cet homme qui a lutté, qui s'est mobilisé contre la maladie, qui a un temps pensé l'emporter, le voilà aujourd'hui contraint d'abdiquer devant un événement qui le surpasse en puissance. Que veut dire « abdiquer » pour un tel homme ? Comme les puissants qu'il a conseillés, il a sans doute cru dans la force de la volonté pour infléchir des voies, pour affirmer des vies. Et là, à bout de souffle, à bout de forces, il confesse qu'« il n'y a pas de pouvoir »... Qu'est-il en train de lâcher et qu'est-il en train de découvrir ? Est-ce cette antique sagesse qu'aucune force ne dure et que nous sommes tous appelés tôt ou tard à finir submergés ? Ou cette simple évidence que tout se perd, soit parce que tout s'arrache, soit parce que tout se quitte ?

Il confesse : « Je regrette toutes les fois où je n'ai pas été pleinement humain, toutes les fois où je me suis senti supérieur. La modestie, c'est de ne pas se sentir supérieur. Je n'ai pas su assez valoriser mon entourage. » Est-il en train de me dire que le véritable pouvoir résiderait dans la renonciation à vouloir l'exercer, à dominer et à soumettre ? À un « Je peux le faire », préférer un « Je peux *ne pas* le faire » ? N'est-ce pas ce qui distingue le souverain du tyran, le maître de l'intendant ? Quels chemins faut-il avoir parcourus, quelles fulgurances faut-il avoir rencontrées, quels renoncements faut-il avoir opérés pour parvenir à reconnaître ainsi à la fin de sa vie, sans drame, qu'il n'y a pas de pouvoir et qu'on s'est longtemps abusé ? Mais si je n'ai pas de pouvoir, alors *qui suis-je* ? Je suis sidéré de voir qu'une évidence aussi lapidaire a pu jaillir comme ça, de manière presque naïve, de la bouche de cet homme d'ordinaire si confus. Que se joue-t-il en lui ?

Au moment où je m'égare dans mes propres conjectures, il enchaîne d'un cinglant « Et, vous savez, il n'y a pas de courage ! »

Cette fois, je suis saisi, électrisé. Cet homme confesse maintenant qu'il a peur. Ni pouvoir ni courage ! Cela m'apparaît comme un profond retournement de tout son schéma de vie. Vient-il de réaliser in fine qu'il a passé sa vie à avoir peur ? Peur de soi ou peur des autres, de ses parents ou de ses enfants, de son conjoint, de ses chefs ou de ses employés ; peur d'avoir, peur de perdre, peur de manquer ; peur de l'échec voire peur du succès ; peur de l'inconnu, peur du ridicule, peur de souffrir, peur de mourir : nous sommes tellement identifiés à nos peurs, nous sommes tellement nos peurs que nous avons même peur de les perdre. Et nous nous y accrochons, parfois jusqu'au désespoir. Alors que dit-il, ce vieil homme, quand il affirme qu'« il n'y a pas de courage » ? Peut-être qu'il n'y a pas assez d'amour, pas assez d'ardeur, de sensibilité, de « rage au cœur » (selon l'étymologie de *cœur-rage*). Seuls la rage au cœur, l'amour, la certitude intérieure d'aimer ou d'être aimé donnent l'audace et la force de traverser, voire de déplacer les montagnes. Cet homme qui se dévêt là, sans cérémonie, de son armure pour ne conserver que l'aube de sa nudité ne mesure pas tout le courage dont il vient de faire preuve en confessant qu'il n'en a aucun.

Ce qui me surprend, c'est que cette double révélation ne semble pas l'accabler comme on pourrait le craindre. Quand ils sont confrontés à la peur et l'impuissance, j'en vois d'habitude qui crient et qui pleurent. Non ! Lui a parlé avec un calme inattendu. J'observe qu'il a lâché cela sans émotion particulière, sans grandiloquence ni misère, comme une évidence tranquille. Comme si curieusement ces aveux venaient l'enrichir plus que lui coûter. Le seuil sur lequel il se tient là est manifestement celui du grand dénuement. Au-delà des émotions. Sans état d'âme pourrait-on dire, peut-être parce que justement cela touche au fond de l'âme, au fond de l'être, à cet état brut qui se tient derrière les vagues des états changeants. J'ai l'impression d'assister à une sorte d'éclosion de la conscience, au déchirement d'un voile venant révéler une contrée neuve. C'est comme si, en un instant, il avait franchi le pas et était entré dans un autre monde, comme un nouveau-né qui, ayant brisé la poche des eaux, surgit à l'inconnu tout nu. Je suis heureux et en même temps presque gêné d'être là. Il y a parfois de l'indécence à observer l'intimité la plus secrète. Devant le mystère, il faut pouvoir baisser les yeux et s'incliner...

Je n'ai pas été l'agent de cette révélation. Je n'ai rien fait pour la provoquer. Je ne l'ai pas stimulée. Je ne l'ai pas non plus freinée. Ce jour-là, je me suis contenté de recueillir ce qu'il déposait là, dans cette chambre austère, les délires comme les fulgurances. Je me suis *contenté* d'être là : non pas tendu et aux aguets comme un chasseur qui guette sa proie et lui tend une embuscade, mais détendu et sans attente comme un ami qui signale, par sa disposition intérieure, qu'il est vraiment prêt à accueillir l'autre. Le dévoilement qui parfois s'opère en fin de vie s'effectue souvent prudemment, à tâtons, pas à pas, comme un animal qui sort du bois.

Il faut alors se taire, extérieurement et intérieurement, et faire place à ce qui vient, parfois. Il faut se retenir d'émettre pour mieux aimer sans doute.

Un jour, sans savoir que c'était là notre dernière rencontre, au moment de quitter sa chambre, il me livre soudain sans crier gare : « Si l'homme n'était pas éphémère, il n'en resterait pas grand-chose. »

Il semble déjà ailleurs, mais je dois, moi, m'arrêter pour mesurer toute la profondeur de cette phrase sibylline et déconcertante, fulgurant oxymore, dit comme si de rien n'était. Ai-je bien entendu ? Ce propos aurait presque pu passer inaperçu tant il est venu sans prévenir, et de quel tréfonds d'une sagesse tout intuitive. Ultime détachement, consentement apparent à la mort, phrase abyssale et vertigineuse épitaphe. Faut-il donc mourir pour ne pas disparaître ? Montaigne disait : « Certes il faut toujours qu'un homme attende son dernier jour ; et nul ne doit être dit heureux avant son trépas… Car c'est alors des paroles de vérité qui jaillissent enfin du fond du cœur ; le masque est arraché, demeure la réalité. »

I.

Mourir aujourd'hui ?

Au cours de l'existence, les occasions de méditer sur le sens de sa vie ne manquent pas. Il y a toutes les circonstances d'ouverture qui nous propulsent plus loin (diplôme, mariage, naissance d'un enfant, opportunité professionnelle, etc.) et tendent à enrichir le sens de notre vie. Il y a aussi toutes les circonstances de fermeture qui comportent un risque réel de se recroqueviller (chômage, divorce, maladie, exclusion, dépression, addiction, etc.) et qui tendent à appauvrir voire à assécher le goût et le sens de la vie. Ces mêmes événements peuvent aussi jouer à l'envers : dans certaines circonstances, la naissance d'un enfant peut être perçue comme une calamité et un divorce comme une libération, une promotion peut devenir un enfer et le chômage un nouveau départ…

C'est au cœur de la vie, dans le flux de ses torrents accidentés ou de ses mornes fleuves, que le questionnement spirituel repose en continu. C'est également de ce flux qu'il peut soudain surgir avec plus ou moins de vigueur, jusqu'à parfois devenir souffrance.

Si l'on veut bien encore suivre Montaigne pour qui c'est dans la contemplation de la mort que l'homme s'épanouit et apprend le mieux à vivre, on comprend que c'est certainement dans l'imminence de la mort que la souffrance spirituelle peut le mieux s'observer. Aux autres moments de la vie, l'être humain peut souvent s'accorder le luxe de la taire un peu, de la traiter par petits bouts ou même de la remettre à plus tard. Au final, la mort vient certes clôturer une vie, mais elle peut aussi l'accoucher quand le mourant, travaillé de l'intérieur, tente de « se mettre complètement au monde avant de disparaître », ainsi que le note joliment le psychanalyste Michel de M'Uzan[7].

Notre travail d'exploration de la souffrance spirituelle débute donc par un effort, celui qui consiste à tenter de se mettre un peu à la place du malade. Ce n'est sans doute pas confortable mais c'est le petit prix à payer pour essayer de saisir sincèrement ce que peut éprouver physiquement et psychiquement une personne qui aujourd'hui se confronte à la possibilité voire à la perspective prochaine de sa mort. C'est le petit pas à faire pour essayer de sentir quelque chose de son cheminement intime, autant qu'il est possible quand on est soi-même encore bien portant…

Le témoignage précédent illustre les tiraillements terribles et les questionnements formidables inhérents au fait de devoir bientôt mourir. Ces difficultés sont particulièrement exacerbées dans le contexte contemporain car on meurt aujourd'hui en Occident d'une manière qui est sans équivalent dans toute l'histoire de l'humanité. Cela tient à la prédominance de la technique médicale qui s'est accompagnée d'une rapide perte de socialité et de solidarité, liée aux modes de vie moderne (dispersion des familles, urbanisation, place de la vie professionnelle, etc.).

Pendant des siècles, on est mort principalement chez soi (quand ce n'était pas sur le champ de bataille), au milieu de ses affaires, parmi les siens, soigné par le médecin de famille qui était presque un ami. On meurt aujourd'hui essentiellement à l'hôpital[8], dans un univers inhospitalier, sans réelle place pour le respect de son intimité. On meurt aujourd'hui étrangement, veillé par une noria d'étrangers étrangement vêtus, surveillé par des machines étrangement bruyantes et froides. On meurt trop souvent infantilisé (« Il va bien aujourd'hui ? »), numéroté (« le monsieur du 24 »), voire chosifié (« le sida du deuxième »).

Pendant des siècles, on a plutôt succombé à des blessures accidentelles (une blessure aux champs qui s'infectait…), à des maladies aiguës et mortelles à court terme ou tout simplement à la vieillesse. On meurt aujourd'hui de plus en plus tard[9], mais curieusement de moins en moins de vieillesse : on meurt sous l'effet de maladies de plus en plus longues (cancer, Alzheimer, diabète…), dans des états de dépendance induits qui tendent à s'installer. Les progrès de la pharmacologie ont chronicisé des maladies qui étaient antérieurement aiguës en nous conduisant à devoir désormais *vivre avec*.

Pendant des siècles, on mourait en souffrant dans sa chair. La douleur occupait tout l'espace de l'être jusqu'à le rendre fou. À condition d'avoir des soignants bien formés, la plupart des douleurs peuvent aujourd'hui être réellement atténuées et souvent supprimées. D'autres souffrances plus subtiles, plus psychiques, se révèlent alors…

La modernité a donc produit des conditions de fin de vie inédites. Si la prise en charge hospitalière a, dans le registre physique, apporté une efficacité thérapeutique sans précédent, elle a, dans le registre psychique, contribué à fragiliser et à isoler considérablement les malades. En même temps, un être qui meurt reste un être qui meurt, quelle que soit l'époque, confronté à l'abyssale question de sa finitude et du sens de son existence. Il y a donc dans le dernier chemin d'une vie l'influence d'éléments conjoncturels, temporels, qui tiennent aux circonstances particulières de la fin de vie, et d'éléments ontologiques, intemporels, qui tiennent à l'inquiétude qu'éprouve tout homme devant sa propre finitude.

« Le temps des morts ou le temps des mourants n'est pas un temps mort », soulignait le Dr Abiven[10]. C'est ce que nous allons tenter de discerner en nous intéressant au parcours d'une personne qui meurt aujourd'hui afin de tenter de comprendre, à travers ce qu'elle peut éprouver physiquement et psychiquement, quel est le berceau d'une souffrance spirituelle qui souvent se dévoile étape après étape.

Le temps du « héros » : la mort affrontée

Ce temps débute par une annonce par laquelle une personne subitement prend connaissance qu'elle est atteinte d'une maladie grave, potentiellement mortelle. Cette annonce sonne toujours comme un « coup de tonnerre » qui fait littéralement effraction dans la personnalité du malade et semble la mettre en morceaux malgré toutes les précautions dont on peut l'entourer plus ou moins adroitement.

La scène introductive du film *Pour lui* du cinéaste allemand Andreas Dresen, qui fut fort justement primé à Cannes en 2012, rend magistralement compte de ce moment sidérant. Il faut avoir vu ce malheureux médecin totalement dépassé par la tâche écrasante d'annoncer la funeste nouvelle. Il faut avoir vu les yeux de cet homme qui se découvre condamné et qui reste sans voix et hagard, et ceux de son épouse horrifiée et terrassée par avance devant l'épreuve qui s'annonce. Il faut avoir vu cette scène brutale pour approcher au plus près du réel, quand on n'a pas eu à la vivre soi-même, cette violence indescriptible de l'annonce.

Je me souviens de Jacques, soixante-huit ans, qui me racontait son expérience. Il était déjà abasourdi avant même que le médecin n'ait prononcé le mot « cancer » : « À son air, j'avais déjà compris que c'était grave. Il ne me regardait pas, ou bien de manière fuyante. Il tapotait nerveusement sur son ordinateur, assis derrière son bureau. On aurait dit qu'il était plus embêté que moi. » Alors que le médecin lui donnait des détails sur sa maladie, il était encore ailleurs. « J'ai ressenti soudain une énorme bouffée de chaleur. J'avais affreusement soif mais il n'y avait rien à boire. Je ne pouvais rien dire. Je n'entendais plus rien, je ne comprenais plus rien. Dans ma tête, ça cafouillait dur. Et lui, il continuait de parler. Mais que disait-il ? Pourquoi ne se taisait-il pas ? J'étais seul. Et ma femme ? »

Tous les malades interrogés confirment qu'il y a un « avant » et un « après » l'annonce. En ce sens, le malade qui prend conscience de son état de santé est réellement en situation de rupture par rapport à sa situation antérieure, ce qui peut le conduire soit à se figer, soit à entreprendre cahin-caha une véritable mutation personnelle.

Cette nouvelle, même quand elle s'accompagne d'un espoir de guérison, fait aussitôt surgir l'hypothèse abstraite et lointaine de la mort dans la sphère immédiate de la réalité, avec son cortège de tumultes (« Vais-je mourir ? »). Dans la foulée, elle dessine une perspective de violence physique, y compris par les traitements médicaux qu'elle appelle (« Vais-je souffrir ? »). L'être humain, par cette seule annonce, par l'irruption brutale de cette réalité dans son rêve de vie, se trouve aussitôt interpellé dans les deux registres – existentiel et corporel – de sa réalité. C'est donc bien à une interrogation globale que la maladie le convoque et, avec lui, tout son entourage affectif.

Le malade, doublement chahuté par ce *savoir* et cette *présence* de la maladie en lui, entre souvent dans une détermination paradoxale où il oscille entre l'évolution et la cristallisation, entre la combativité et l'abattement, entre l'acceptation et le déni, entre faire le lion et faire l'autruche.

M. Herbault, quarante-cinq ans, était atteint d'une maladie rare et incurable. Il s'était documenté et savait précisément quelles étapes et quelles lentes dégradations l'attendaient. Il me décrivit sobrement sa maladie et ses conséquences invalidantes qui avaient commencé à l'affecter avant de m'affirmer qu'il n'en passerait pas par là, qu'il serait le cas exceptionnel qui ferait mentir la science et les statistiques. Tout ce qu'il savait sur sa maladie était vrai pour les autres, mais pas pour lui. La semaine suivante, il me surprit quand il m'avoua qu'il était foutu, que c'était trop grave, sans espoir. J'étais en train de me dire qu'il avait dû faire un chemin pénible pour pouvoir lâcher ces mots et ses rêves lorsque brutalement, sans prévenir, il me lança avec force qu'il allait quand même s'en sortir, c'était évident, car il avait une condition physique exceptionnelle, un mental extraordinaire, des contacts… Une fois guéri, il irait témoigner dans les facs de médecine de la manière dont il s'en est sorti. Et puis il deviendrait bénévole comme moi…

Le temps de l'annonce et du traitement médical n'est pas, loin s'en faut, un temps linéaire qui se déroule de manière logique et prévisible. C'est un temps de lutte ponctué de rechutes et de rémissions, d'espoirs et de désespoirs, souvent sur fond d'ignorance ou d'autoconviction. Alternativement, l'être humain mobilise sa combativité et dépose ses résistances. C'est à proprement parler le temps d'un intense combat intérieur, le temps des espoirs et des doutes, celui des tentations de renoncer : « À quoi bon endurer encore et encore ? À quoi bon cette nouvelle chimio ? » Au terme d'un traitement curatif souvent long et pénible, qu'il soit guéri ou non, le malade a effectué un parcours qui l'a changé tant physiquement que psychologiquement et a inévitablement modifié son approche de la mort. Son corps comme son esprit en sont profondément affectés. Même en cas de succès, il ne sera plus comme avant. En cas d'échec, l'abandon des traitements curatifs signe la fin de ce combat, mais sur le terrain du corps uniquement, car sur le plan psychique, le parcours se prolonge en inaugurant une nouvelle étape de la vie.

Le temps du pèlerin : la mort approchée

En quelques mots, les sages du Conseil économique, social et environnemental ont bien posé les éléments du problème : « Les soins palliatifs se rapportent à une période très particulière de la vie du malade et de l'évolution de sa maladie. Depuis des mois, parfois des années, il a lutté avec l'espoir de guérir ou simplement de vivre le plus longtemps possible. Dans bien des cas, il a pour ce faire accepté de prendre des risques, subi des interventions chirurgicales délicates ou des thérapeutiques parfois agressives, suivi des traitements de plus en plus lourds. Il a déjà traversé la souffrance, de rémissions en récidives il a connu l'espoir et l'angoisse, la confiance et l'inquiétude, le soulagement et la peur, peut-être la détresse, et c'est d'abord à cette personne, à ce vécu que s'adressent les soins palliatifs, lorsqu'il est établi que rien n'arrêtera plus le cours fatal de la maladie et que la poursuite des thérapeutiques curatives est de toute évidence vaine, inutile voire préjudiciable[11]. »

En 1991, sur France Culture, le Pr René Schaerer proposait une distinction entre soins curatifs et soins palliatifs qui demeure pertinente : « Le traitement palliatif ne traite pas la maladie mais le malade. Il ne prétend pas guérir mais soulager. » Un autre médecin, le Dr Geschwind, considère que les soins palliatifs viennent compenser « les tendances à marginaliser la mort dans la médecine traditionnelle qui *traite sans soigner et soigne sans accompagner*[12] ».

En théorie, on l'a dit, les soins palliatifs ne sont pas réservés à la fin de vie. Leur ambition étant d'abord d'œuvrer au soulagement de la souffrance, ils ont vocation à s'appliquer dès l'annonce d'une maladie potentiellement mortelle ou dès l'apparition de souffrances suffisamment intenses pour justifier une prise en charge spécifique, c'est-à-dire bien en amont du diagnostic fatal. Ils ne se limitent cependant pas à une « consultation de la douleur ». Plus largement, ils visent à assurer au patient la meilleure qualité de vie possible, dans la droite ligne de la définition de l'Organisation mondiale de la santé : « La santé est un état de bien-être complet, physique, mental et social et pas seulement l'absence de maladie ou d'infirmité » (on notera au passage que l'OMS ne s'est pas risquée à y inclure une dimension spirituelle). Être pris en charge par une équipe de soins palliatifs n'équivaut donc pas forcément à une condamnation à mort *comme on le croit trop souvent*. Il est fréquent qu'un malade relève simultanément de soins curatifs et de soins palliatifs. De même, il arrive que des malades, après un bref séjour en unité de soins palliatifs, rentrent chez eux ou retournent en service curatif, et continuent à vivre pendant des mois, parfois des années. Dans la pratique pourtant, il est vrai que la grande majorité des patients en soins palliatifs sont en situation de fin de vie à court terme et amorcent réellement la dernière étape de leur vie. Dans l'esprit de tous, les soins palliatifs sont donc immédiatement synonymes de fin de vie et de mort prochaine. Aussi, toute personne à qui on décide soudain d'appliquer des soins palliatifs – quand elle le sait, car on ne le lui dit pas toujours – fait de facto un pas de plus en conscience vers la mort et s'avance inexorablement vers les questions essentielles que celle-ci vient soulever.

L'annonce de l'échec des traitements, si elle est sentence de mort, n'est pas encore peine de mort. Ce n'est pas encore le moment de la mort mais c'est déjà le temps du mourir, un temps de vie même si c'est un temps compté… Dans ce « couloir de la mort », il se joue bien des abattements, mais aussi bien des accomplissements… Du point de vue psychique, il est donc plus juste de dire que le passage s'opère plutôt du monde du vivant – même malade – vers le *monde de l'agonie,* monde intermédiaire aux contours changeants et imprécis où la personne qui meurt peut s'autoriser à rejouer tout ou partie de son existence.

Étymologiquement, le mot « agonie » provient du latin *agonia,* « angoisse », et du grec *agoneia,* « lutte ». Agoniser, c'est donc se battre avec angoisse contre la mort. Dans un sens strict, qui est aujourd'hui son sens médical, elle se réduit aux « moments, heures précédant immédiatement la mort » et répond à des symptômes cliniques précis signalant la rapide dégradation des fonctions vitales. Dans son sens psychique qui nous intéresse davantage ici, elle se définit plus largement comme le « déclin précédant la fin » et correspond à ce temps plus ou moins chaotique où l'être tente de composer avec l'idée de sa mort prochaine, un temps suffisamment long pour que puisse éventuellement s'y déployer un autre « monde ».

Ce peut être un temps de tourment, d'angoisse, de peine, de désespoir. Un temps insensé… Ce peut être aussi un temps pour régler ce qu'Élisabeth Kübler-Ross appelait l'*unfinished business,* le « travail inachevé » : mettre ses affaires en ordre, accomplir les choses importantes qui n'ont pas encore pu l'être, se réconcilier, s'accorder un plaisir longtemps repoussé. Un temps sensible et sensé…

Le psychologue Éric Dudoit du service de psycho-oncologie de l'hôpital La Timone à Marseille précise en quoi ce parcours peut déjà constituer un véritable cheminement spirituel, longtemps espéré mais également longtemps ajourné : « Il y a dans l'écoute des patients atteints d'une maladie létale l'idée que c'est un bon début pour changer, pour se transformer, pour se spiritualiser, s'expatrier du corps qui, lui, a choisi le "mal-un", le cancer. L'âme se rêve esprit, se perd dans l'univers ouvert et clos de nos hôpitaux, j'en veux pour argument premier le nombre considérable de dépressions dites réactionnelles à l'annonce de la "guérison"... Comme si ce sursis de vie venait ici annoncer la venue ou le retour du même... du mortel, du corps. Nos patients vivent ce retour au corps comme une perte d'esprit[13]. »

Dans la perspective catholique, qui conserve en France une empreinte culturelle forte, ce temps d'approche de la mort a une raison d'être : la mort ouvre le repos (*requies* en latin) ; a contrario, la vie est le temps du mouvement, des actions et des activités ; en conséquence, l'agonie est un temps-transition *du mouvement vers le repos*. Dès lors, c'est souvent un temps de tourment mais un tourment qui a une finalité (la mise en ordre matérielle et surtout spirituelle des choses de sa vie) et une fin (la mort, qui idéalement manifeste l'état de paix intérieure acquis suite à cette mise en ordre). L'agonie n'est donc pas un temps d'attente passive. C'est, malgré des forces déclinantes et cependant résistantes, un temps actif : celui d'une préparation patiente, pas à pas, à la mort. Pour saint Ambroise de Milan, Père de l'Église du IVe siècle, « l'homme s'éteint avec plus de patience dans une mort prévue que dans une mort inopinée[14] ».

Dans la conception chrétienne, l'agonie est un temps laborieux et la mort une délivrance. La mort est, dans cette perspective, désirable voire désirée. Paradoxalement, la modernité, en promouvant exclusivement le temps de la vie, a contribué à se représenter la mort comme l'échec même de la vie et non comme son aboutissement. Elle est de ce fait effroyable et honnie.

Le mourant à l'agonie, qui se situe entre deux univers, est souvent tiraillé entre ces deux représentations. Ce tiraillement est aussi cause de souffrance. Cette tension et ce cheminement justifient que l'on préfère souvent aujourd'hui parler plus du « mourir », qui traduit une dimension active, que de l'agonie, qui évoque davantage un temps d'attente résignée. C'est ce « travail » du mourir (que Michel de M'Uzan appelle le « travail du trépas[15] ») qui a été formalisé par le Dr Élisabeth Kübler-Ross quand elle a décrit les cinq étapes – non linéaires et non obligées – de la fin de vie servant encore souvent de cadre de référence pour la pratique : la dénégation, la colère, le marchandage, la dépression, l'acceptation[16]. Le mot « travail » vient du latin *tripalium* qui était à l'origine un instrument de torture. La notion de travail est donc intimement liée à celle de souffrance. À l'inverse, la notion d'œuvre ou d'ouvrage tire son origine de l'idée de s'ouvrir à, de se laisser remplir et inspirer. Elle signale une action qui tient davantage de l'art que de l'effort. Qu'elle soit travail ou œuvre, devant la tâche de devoir mourir, le mourant a, aujourd'hui particulièrement, besoin de repères et d'aide.

Le temps des ignorances : la mort improvisée

Un jour, un homme âgé sans crier gare se tendit vers moi et m'implora : « Monsieur, comment mourir ? Y a-t-il une bonne manière de mourir ? » Il était si écorché et si désemparé devant cette question abyssale que j'en étais bouleversé. Je n'ai rien dit, je n'avais rien à dire. D'ailleurs, qui prétendrait aujourd'hui pouvoir y répondre ? Si j'avais vécu en d'autres temps, en d'autres lieux, je me serais peut-être aventuré à répondre. C'était sans doute plus simple alors quand on croyait savoir en prenant appui sur des explications bien établies ou parce qu'on avait maintes fois entraperçu la mort à travers celle des autres. La religion offrait, à travers la tradition des « arts de mourir », les clés d'une mort « juste et bonne »[17]. L'historien Philippe Ariès note que « comme on naissait en public, on mourait en public et pas seulement le roi, mais n'importe qui. [...] Il présidait et ne trébuchait guère, car il savait comment se tenir, tant il avait été de fois témoin de scènes semblables[18] ». En d'autres temps, ce monsieur âgé se serait sans doute efforcé de mourir aussi *norma-*

lement que possible, selon la norme de son époque, selon la bonne manière de mourir d'alors. Et sa question si déchirante n'aurait peut-être pas jailli.

Mais aujourd'hui, le surgissement de cette question lancinante illustre le désarroi brutal dans lequel se situe l'homme contemporain quand il se retrouve au seuil de la mort, et sa difficulté à donner valeur et sens à sa vie. L'effacement de la religion et le retrait de l'agonie et de la mort de la scène publique ne permettent plus de disposer des mêmes repères et des mêmes guides dont nos ancêtres s'inspiraient pour tenter de mourir le moins mal possible. Tout se passe donc comme si l'être humain en savait aujourd'hui à ce sujet moins que ses ancêtres, comme si son savoir moderne et rationnel ne lui était d'aucun secours face à la question, irrationnelle par nature, de la mort. Les anciens n'en savaient pas forcément plus, mais ils *croyaient savoir* et cela les aidait peut-être (on peut l'espérer) à mourir. Désormais mus par notre rationalisme, nous ne *croyons* plus savoir mais nous *voudrions* savoir (même si pour la plupart de nos contemporains, la question principale n'est pas tant de savoir comment mourir que de découvrir, à l'inverse, *comment ne pas mourir*).

Or toute notre science ne nous permet pas de répondre à cette question qui ne s'éteint pas. On peut toutefois défendre, à juste titre, que la modernité a constitué, à l'égard de la mort, un progrès considérable en ce qu'elle nous a délivrés d'une double horreur : celle de la mort en tant que phénomène physique, ordinaire, étalé au quotidien dans les maisons et dans les ruelles ; et celle de la mort en tant que phénomène psychique, horrible, avec le risque de la damnation professé sans relâche par la religion. Mais cette libération à l'égard de l'horreur de la mort a laissé un espace désespérément vide : l'incertitude et le relativisme qui prévalent désormais ont remplacé les anciennes croyances et les anciens rituels, et ce mouvement ne s'est accompagné d'aucune novation de sens. La mort étant devenue, selon le mot d'Ariès, « ensauvagée[19] », on ne s'étonnera pas qu'elle continue d'exposer ainsi les *mourants interdits* à des désarrois et des inquiétudes, certes d'une autre nature que par le passé, mais pas moins déchirants. Le mourant apparaît en effet dans la société contemporaine comme doublement interdit : interdit de la cité, mis à l'écart de la société, exilé pour ne pas salir le beau tableau de la modernité ; interdit également en ce qu'il est aujourd'hui bien seul, sans repère, sans appui, sans voix, sidéré face à sa propre mort.

Nous sommes bel et bien aujourd'hui sous le règne de l'individu, qui s'illustre dans une double individualisation : *individualisation de la mort* (particulièrement visible dans le développement de la personnalisation des cérémonies funéraires et la dégradation du langage symbolique commun) et *individualisation du croire* (phénomène mis en évidence par la sociologie des religions et visible à travers le développement des croyances « à la carte »). La conjugaison des deux phénomènes renvoie le mourant inexorablement à lui-même.

Voilà ce qui explique, me semble-t-il, comment la douloureuse question de cet homme, « Comment mourir ? », a pu surgir ainsi devant moi. Ce que cette supplique me renvoyait, c'est qu'il aurait aimé savoir pour pouvoir se rassurer et se conformer. Et qu'il ne savait rien. À près de soixante-dix ans, il avait probablement une certaine épaisseur de vie derrière lui. On pouvait raisonnablement penser qu'il avait déjà dû côtoyer des gens gravement malades, qu'il en avait peut-être déjà vu mourir, qu'il s'était déjà frotté au gouffre. Avoir vécu confère-t-il un « savoir mourir » ? Son entourage n'était sans doute pas mieux loti, ne sachant probablement pas plus quoi dire, quoi faire, comment se tenir… Là où il en était, il quêtait au-dehors un savoir dont il espérait qu'il pourrait l'apaiser au-dedans, et lui épargner la rude tâche à laquelle notre culture évidée nous contraint désormais : celle de *devoir improviser et inventer notre mort.* En quelque sorte, celle de mourir comme si c'était la première fois. Dans la société individualiste et sécularisée, le mourant est physiquement et psychologiquement bien seul, privé des ressources qui pourraient l'aider à *mettre sa mort au monde.*

C'est d'ailleurs la raison d'être des soins palliatifs et surtout de l'accompagnement : dans ce temps de l'agonie, ils visent à soulager la douleur et assister le mourant dans le travail du mourir qu'il enclenchera peut-être… Les circonstances contemporaines, culturelles et sociales, ne sont pourtant pas de nature à faciliter la tâche. La mort d'un individu étant devenue moins sociale, moins culturelle, moins collective, elle tend du coup à devenir plus personnelle et plus intérieure, plus angoissante aussi.

Le temps de l'ermite : la mort désolée

On prétend souvent que les malades meurent désormais seuls. Déjà en 1987, le sociologue allemand Norbert Elias dénonçait la « solitude des mourants » qu'il l'analysait comme un recul de civilisation[20]. Cette affirmation semble aujourd'hui quelque peu nuancée par l'enquête sur la fin de vie menée en 2011 par l'Institut national des études démographiques (INED) qui établit que seule une personne sur dix finirait sa vie sans aucune présence autour d'elle[21]. Cependant même si, dans leur grande majorité, les malades bénéficient d'un entourage, cela ne dit rien de la qualité de l'accompagnement. Le contexte de mort très médicalisé ne favorise certes pas la proximité et vient probablement expliquer en grande partie cette impression de solitude. En effet, pour des raisons d'organisation pratique, tant des services que des familles, les visites sont souvent brèves et groupées, en tout cas contraintes par les nécessités de l'hospitalisation. Le temps d'échange et de partage que l'agonie pourrait permettre s'en trouve considérablement réduit. Or le moment de la parole et le moment des gestes ne se décrètent pas vraiment. Ils suivent leurs propres inclinaisons et se présentent souvent de manière inopinée et non préméditée. Il faut être prêt à s'y prêter et la coïncidence de ces deux dispositions, celle du malade et celle de l'accompagnant, est une fenêtre rare, vite ouverte dans un moment de répit et vite refermée par un événement extérieur soudain ou une présence non souhaitée.

Mais même quand cette fenêtre existe, encore faut-il pouvoir s'y sentir à l'aise. Or les phénomènes de déculturation de la mort ont considérablement réduit les possibilités de partage en pareille circonstance. Faute de savoir quoi dire ou quoi faire, la rencontre peine à s'établir et la solitude s'installe malgré la présence physique. Ce sont donc souvent deux personnes esseulées qui se cherchent et s'évitent, sans parvenir à s'apaiser l'une l'autre. Les difficultés ou les impossibilités à communiquer sur ce sujet, les pudeurs qui bloquent la parole, le sentiment de gêne qui perturbe la relation ne font le plus souvent qu'ajouter au sentiment de solitude du mourant et d'impuissance de son entourage. Des bavardages abrutissants aux silences étouffants, des faux-semblants aux faux-fuyants, des sourires forcés aux larmes ravalées, l'espace de rencontre avec le mourant est aujourd'hui plus fait de rendez-vous manqués que de cœur à cœur sincères. On peut mourir seul tout en étant très bien « entouré ».

À l'image de cette femme que j'ai visitée à son domicile parisien. Son mari l'avait installée dans un vaste salon dominant la Seine. Elle restait sans bouger, les yeux clos malgré le ballet des péniches, devant la baie vitrée. Autour d'elle, ses deux sœurs parlaient et s'agitaient sans cesse, se voulant sans doute rassurantes. Le mari m'entraîna à l'écart pour m'expliquer qu'il était catholique mais que sa femme était juive et que dans le judaïsme il ne faut jamais laisser un mourant seul. La famille se relayant jour et nuit, il n'en pouvait plus. Il se sentait envahi chez lui et privé de sa femme. Depuis trois jours, celle-ci n'avait pas ouvert un œil, ni dit un mot. Je passai l'après-midi avec lui mais, au moment de partir, je vis que sa femme était seule au salon. Ses deux sœurs préparaient du thé à la cuisine. En m'approchant d'elle, je m'assis et je lui pris la main, sans rien faire, sans rien dire. Juste sa main dans la mienne. Au bout de quelques minutes, elle bougea un peu, me regarda et sourit. Un beau sourire, comme une fleur qui s'ouvre. Quand les sœurs revinrent, elle se referma.

Toutes les fins de vie ne font pas l'objet d'un tel entourage. La plupart du temps, en raison des impératifs professionnels ou familiaux, ou bien de l'éloignement géographique, les proches n'ont pas la disponibilité pour se rendre suffisamment au chevet du malade. De fait, la plus régulière présence auprès du mourant est souvent celle d'un personnel médical dévoué mais qui ne fait pas a priori partie de son environnement affectif. C'est alors qu'avec le temps, il tend à y prendre place et parfois à y prendre plus de place que la famille elle-même. Même la prise en charge à domicile, qui autorise des moments de partage plus importants, se termine fréquemment à l'hôpital, soit pour offrir un répit à des proches épuisés, soit en urgence pour tenter, face à une situation jugée cataclysmique, un dernier geste et, ce faisant, épargner à une famille non préparée la panique et le traumatisme que constituent souvent les ultimes instants.

Il n'est pas toujours possible de disposer d'un temps pour *approcher la mort*. Même sans accident, même à l'hôpital, elle survient parfois sans crier gare, sans laisser le temps de s'y préparer. La séparation est alors déchirante et désolante. J'entends encore cette femme qui hurlait depuis le salon d'accueil : « Mon doudou, me laisse pas, me laisse pas… » Son mari venait d'être transféré in extremis en soins palliatifs : sa situation s'était brutalement détériorée et il était déjà cyanosé ; c'était la fin. Le matin même, les médecins qui l'avaient transféré avaient assuré qu'ils l'envoyaient en maison de repos se refaire une santé… Cette femme était terrassée. Elle n'avait pas eu le temps de s'y préparer. Sa plainte envahissait le couloir comme un gémissement de bête agonisante, les pattes brisées, le ventre à l'air.

Marie-Frédérique Bacqué, présidente de la Société de thanatologie, note que « devant l'horreur de certaines fins de vie abusivement prolongées s'est développée l'idée que la belle mort pourrait être celle qui surgit inopinément, cette tentative de maîtrise et de déni (de la mort) à travers le souhait d'un court-circuit final, comme par exemple l'infarctus du myocarde ou la rupture d'anévrisme. Ce serait une mort idéale permettant de s'éteindre brutalement, ou dans son sommeil, en évitant la souffrance et la déchéance, l'agonie ou le questionnement anxiogène[22] ». Cette vision assez récente et anachronique de la « belle mort » est celle qui était qualifiée au Moyen Âge et au XVIIe siècle de « malemort » (mauvaise mort) tant elle venait priver le mourant de l'ultime mise en ordre de ses affaires terrestres. Indépendamment des diverses représentations de l'au-delà, la mort inopinée pose généralement de grandes difficultés aux survivants pour lesquels la surprise est rarement bonne, et qui, n'ayant pas toujours eu le temps de se préparer à la séparation ni d'accompagner le défunt, rencontrent des difficultés accrues pour en faire le deuil.

Car le temps du deuil est l'autre temps de solitude. Autant l'agonie est le temps où le malade se familiarise avec l'idée de sa propre mort et se laisse travailler par elle jusqu'à parfois pouvoir l'accepter, autant le deuil est le temps où les proches du défunt* tentent de s'habituer à sa disparition et se laissent à leur tour travailler par elle. De la même manière que l'on parle du « travail

* Du latin *defungi*, « accomplir sa vie ». Le défunt est donc celui qui a accompli sa vie, pour qui elle est « faite complètement » (*Le Robert*), c'est-à-dire non seulement terminée, achevée (comme une œuvre est achevée) mais en même temps pleine et pleinement remplie. Dans la représentation classique, la mort est un accomplissement, pas seulement un aboutissement. Dans la représentation contemporaine, la mort est plutôt considérée comme un échec et un scandale.

du trépas », on parle volontiers du « travail du deuil* ». Le deuil est donc d'une certaine manière le symétrique de l'agonie, une traversée dont l'enjeu est d'apprendre à se détacher. Pour ceux qui restent, le deuil est le véritable contact avec la mort, c'est-à-dire avec l'absence. C'est le temps du relâchement et donc souvent celui de la dépression. C'est également le temps des découvertes, à la fois sur le défunt par la mise en ordre de ses affaires et par une parole autre, mais également sur soi : « L'autre me manque, donc il existe et j'existe », écrit Lytta Basset[23]. Le temps du deuil est souvent le temps des révélations, même si celles-ci ne sont pas toujours heureuses.

C'est pourquoi, pas plus que celui de l'agonie, le temps du deuil ne devrait constituer une solitude subie. Pour les sages du Conseil économique et social, « il est évident que le travail de deuil s'accomplira d'autant mieux qu'il aura été préparé avant le décès, pendant la période de soins palliatifs, par une relation de confiance avec les proches, une écoute attentive, une information régulière et loyale sur l'état du malade et l'évolution de la maladie. Pour toutes les équipes soignantes, associations et personnalités rencontrées et interrogées à l'occa-

---

* Il ne faut pas confondre le travail *de* deuil qui sonne comme une injonction très actuelle à *faire* le deuil pour pouvoir tourner la page au plus vite (cette idée agit comme une contrainte et une violence) et le travail *du* deuil qui invite la personne à se laisser travailler à son rythme *par* le deuil.

sion de cet avis, la préparation au deuil fait partie de l'accompagnement et doit se poursuivre par un soutien et une aide adaptés aux familles endeuillées qui le souhaitent[24] ». Dans le même rapport, citons aussi les propos du Dr Renée Sebag-Lanoë : « Les soins palliatifs, en permettant au malade en fin de vie de mourir calmement et confortablement, ne permettent-ils pas également à ses proches de mieux faire leur deuil et de vivre ensuite leur vie et leur propre mort plus calmement ? Ne seraient-ils pas de ce fait un facteur d'hygiène mentale et de prévention des pathologies pour les survivants, donc un facteur de santé publique général ? » Les souffrances physiques et morales ne s'arrêtent pas avec le décès. Elles se prolongent voire s'amplifient parmi ceux qui demeurent. Elles méritent pareillement d'être identifiées et accompagnées.

La solitude, physique ou psychique, réelle ou ressentie, est donc un aspect capital de la fin de vie aujourd'hui. Et comme le rappelle le Dr Marie-Sylvie Richard qui fut responsable de la maison médicale Jeanne-Garnier à Paris, « même si le malade est accompagné, il reste seul en face de sa souffrance et de sa mort[25] ». La mort sera donc toujours désolante même si la mort accompagnée est toujours préférable à la mort délaissée.

Le temps de l'ami : la mort accompagnée

Au terme de ce long et douloureux parcours, de la découverte de la maladie jusqu'au travail du deuil, l'ensemble de la *communauté du mourant* a effectué un chemin pénible et trop souvent traumatisant, mais si ce chemin a pu être accompagné dans chacune des dimensions de la souffrance éprouvée, alors il n'est pas exagéré de dire que cette épreuve a été traversée au mieux. Le succès de l'accompagnement ne se mesure qu'a posteriori : dans quel état d'apaisement, ou à l'inverse de regrets et d'angoisse, le malade a-t-il vécu ses derniers instants ? Dans quel état de tranquillité ou de peine ses survivants continuent-ils à vivre ? Quelles que soient les incidences de l'accompagnement en fin de vie, la mort d'une personne, la mort d'un proche ne sera jamais un événement aisé ni heureux. La mort accompagnée ne sera jamais qu'un pis-aller, un moindre mal dont on aurait préféré se passer. « La mort n'est jamais douce. Seul l'accompagnement aimant contribue à cet apaisement d'une existence finissante que vous refusez de laisser déchoir à l'état d'abandon et de solitude », insiste Emmanuel Hirsch[26]. Encore faut-il que cet accompagnement réponde précisément aux attentes du malade et de son entourage, et c'est là un enjeu éthique fort.

Pour dissiper tout malentendu, citons ici les propos du Dr Henri Delbèque, par ailleurs auteur d'un des premiers rapports officiels sur la fin de vie : « Les soins palliatifs, le soulagement de la douleur, l'adaptation psychologique et la sollicitude complice familiale ou bénévole n'éclairent en rien l'énigme de la mort. Ils ne se substituent à personne pour définir le sens de la vie et pour croire en un au-delà, à la vie immortelle dans le dessein de Dieu. Ils existent pour aider à vivre ce temps et non pour aider ou faire croire qu'il y aurait une bonne mort sans souffrance. Ils n'effacent en rien la tragédie et la violence de la maladie et de l'anéantissement de la mort[27]. »

La mort demeure une bête sauvage. Si demain j'apprivoise un tigre, sera-t-il pour autant mon ami ? Je crois qu'on peut apprivoiser la mort, mais on ne pourra jamais la domestiquer, la banaliser, la réduire à une procédure. Nous pouvons par contre créer les conditions d'une mort moins sauvage, moins solitaire. L'accompagnement et la proximité humaine, le silence, l'écoute et les regards sont de nature à permettre un certain apprivoisement de la mort, dans un cheminement fait de peur et de confiance, de doutes et de rire, où l'autre reste *vivant jusqu'au bout.* L'accompagnement des malades est donc en première analyse une tentative modeste d'assister des parcours de fin de vie souvent rudes et esseulés. Il consiste essentiellement en une présence bienveillante qui tente de dissiper une solitude éprouvante. Nous verrons toutefois à quel point il est intriqué à la notion de souffrance spirituelle et à quels sommets de vie il peut, de manière insoupçonnée, conduire.

Le temps du détachement : la mort acceptée ?

Une question, et pas la moindre, reste en suspens dans l'évocation de ce parcours ultime : une personne peut-elle parvenir à ce point où elle *accepterait* de mourir ? S'agit-il d'apprendre à accepter l'inacceptable ? Gabriel Ringlet s'interroge : « Faut-il apprendre ? Faut-il accepter ? Accepter me poursuit. Je préfère “approuver”, plus actif. Donner son approbation. [...] ou alors consentir, je veux bien essayer, je ne promets rien[28]... » Il nous faut sans doute pour cela entrer dans un autre sens du mot « accepter ». Certes, tout être sera amené à se résigner à sa mort, incapable qu'il est de réellement s'y opposer, mais accepter sa mort, c'est tout autre chose.

Notons tout d'abord que cette acceptation n'est pas désir de mourir. Provoquer par anticipation sa mort est un acte ultime pour tenter de manifester in extremis que l'on conserve un certain pouvoir : celui qui se limite à mettre un terme à son existence. Les désespérés qui éprouvent durement leur impuissance face à certains événements perçus comme insurmontables tentent, dans leur suicide, un ultime geste de puissance. Une puissance qui abolit à défaut de pouvoir créer ; une puissance finale mais finalement vaine. Le suicidé quitte prématurément la scène, et renonce à continuer à compter, que ce soit pour lui-même ou pour les autres. En même temps, par son absence insurmontable, le suicidé en vient paradoxalement à prendre encore plus de place. Cette mort-là est véritablement clôturante.

À l'inverse, l'acceptation de la mort n'est pas non plus résignation à mourir. Il ne s'agit pas non plus de renoncer à se battre, autant qu'on le peut, contre la maladie et contre la mort. Résister à la mort est une chose naturelle, instinctive, conservatoire et nécessaire à la vie. Jusqu'au point où le combat est vain. Au-delà de ce point, la résistance devient inutile et continuer à résister à la mort devient un enfermement et un déni du réel qui produit des effets mystificateurs. Nous sommes tous, tôt ou tard, appelés à mourir. Il existe donc un temps pour se battre et un temps pour se rendre.

Accepter sa mort, ce n'est donc ni la décider ni s'y résigner. Accepter sa mort, ce pourrait être, à mi-chemin entre les deux, y consentir. Ce serait donner son accord à sa disparition ! Approuver ? C'est peut-être beaucoup. Le consentement est défini comme l'« acquiescement donné à un projet, la décision de ne pas s'y opposer » (*Le Robert*). Consentir, c'est ne plus s'opposer, c'est se reconnaître impuissant à changer l'événement de la mort, mais *capable de le recevoir autrement.* D'une manière générale, celui qui consent – à la différence de celui qui se résigne – ne le fait pas sous la contrainte mais parce qu'il a entrevu qu'il y avait une voie. Dans cette lecture, la mort elle-même peut devenir ouverture et la fatalité de la mort semble pouvoir laisser la place à une certaine *fécondité dans le mourir*. Accepter de mourir, c'est la décision non pas de mourir, mais d'*adhérer à ce qui se prépare en secret dans le fait de devoir mourir*. Voilà qui pouvait se penser dans d'autres temps. Voilà qui paraît bien fou aujourd'hui dans nos temps matérialistes.

Certains psychanalystes tendent à nier catégoriquement cette hypothèse. Robert Higgins affirme ainsi qu'accepter sa mort est une « tâche "héroïque", mais en réalité impossible, inassumable subjectivement[29] ». Il insiste en affirmant que « cette "acceptation de la mort" [est] purement psychologique et en réalité impossible » et qu'elle ne serait qu'une construction culturelle et collective. Il considère ainsi que celui qui au soir de sa vie parviendrait à « accepter » sa mort en vérité s'abuserait, s'illusionnerait lui-même. Il se jouerait en réalité à lui-même un tour de passe-passe psychologique, destiné à le préserver bien naïvement des tourments causés par l'absurdité de sa disparition.

N'a-t-on pourtant jamais constaté (même rarement) des cas réels et documentés de personnes qui ont fait intimement cette expérience d'accepter leur mort ? On objectera qu'on ne peut rien savoir vraiment de l'intimité d'une personne, qu'on ne peut jamais être sûr de sa sérénité finale. Certes, mais cette manière toute théorique d'affirmer ainsi, sans preuve, sans appel, sans nuance, me paraît, telle quelle, irrecevable. On ne peut non plus prendre appui sur l'argument selon lequel, le plus souvent, la fin de vie est un terrain de violence et une vallée de larmes. S'il existe ne serait-ce qu'un seul exemple de quelqu'un qui se soit éteint dans la paix, alors il doit être considéré avec la plus haute attention. Car, d'une certaine manière, il s'inscrit en faux contre le matérialisme radical de certaines théories psychanalytiques et l'affirmation désenchantée, suivant sans doute les propos de Jankélévitch, que la mort n'est porteuse d'« aucune positivité d'aucune sorte[30] ».

Certains exemples pourraient pourtant nous aider à réfléchir pour peu qu'on accepte de les considérer honnêtement. Ainsi ce témoignage que m'a rapporté frère Antoine qui, en tant qu'infirmier de l'abbaye de la Pierre-qui-Vire (Morvan), accompagna des dizaines de frères dans leurs derniers instants. Frère Jean-Michel était moine. Il était également professeur de philosophie. Avec le temps, il était devenu plus calme, plus fataliste, plus détaché. Mais à soixante-dix-huit ans, il était également devenu fatigué. On le trouva un soir inanimé sur le sol de sa salle de bains. Les trahisons de l'âge… À partir de ce moment, il refusa obstinément de s'alimenter, opposant non sans une certaine malice que sa nourriture devrait être proportionnelle à son activité… de grabataire ! « Je ne suis pas malade ! » répétait-il à ceux qui s'inquiétaient de son état. Et quand la communauté se rendit à son chevet pour tenter de le ramener à la raison, il s'agaça : « Je ne suis pas malade ! Je vous dis que je vais mourir ! » De fait, il est mort pendant la nuit. De vieillesse…

Quand l'homme point...

Ce monsieur d'environ quatre-vingts ans est assis dans son lit, vêtu d'une robe de chambre classique, élégante. Sa lampe de chevet qu'il a fait venir de chez lui installe, dans cette chambre d'hôpital, une curieuse ambiance tamisée d'alcôve, de petit cabinet de lecture. Il y a d'ailleurs de nombreux livres reliés sur le fauteuil et une vieille serviette en cuir élimé qui semble avoir fait plusieurs tours du monde, témoins d'une vie...

Il me tend une main fine et entame une sorte de jeu un peu mondain auquel je me prête avec amusement. Comme je m'assieds, il s'inquiète de moi : « Êtes-vous bien installé ? N'avez-vous besoin de rien ? Alors, dites-moi, pourquoi venez-vous me voir ? ... » Il dit cela avec un air malicieux. Monsieur reçoit. Il prend manifestement plaisir à me faire sentir qu'il est ici chez lui, et qu'il est heureux de m'accueillir dans *sa* chambre. Je devine aussitôt un homme délicat, courtois, bien élevé et manifestement érudit.

Très vite, il m'entraîne dans une description de l'épopée de Gilgamesh, son livre du moment, cet antique récit sumérien de la quête d'immortalité. Il le lit dans une ancienne version qu'il a exhumée de sa bibliothèque avant de venir ici. J'apprends vite que ce monsieur a été conférencier sur des paquebots au long cours et dans des voyages culturels au Moyen-Orient et en Asie. Jusqu'à son hospitalisation, il fréquentait assidûment les conférences de l'École pratique des hautes études. Comme je lui dis que j'y prépare alors mon doctorat, nous sympathisons vite. Il parle, il parle, il parle sans interruption. Il navigue d'un sujet vers un autre, de la quête de Gilgamesh au combat de Jacob, de l'Égypte à Napoléon, de la qualité de France Culture aux insuffisances de Radio Notre-Dame, de son admiration pour Mgr Barbarin à sa déception de l'Église, des cantates de Bach qu'il entonne dans un fredonnement inspiré à Gilgamesh encore, ce héros tragique qui n'a pas su conserver la plante d'immortalité et auquel il revient en boucle. Bien sûr. Après une heure et demie à écouter ses vagabondages savants et semi-mondains, je tente de prendre congé. Il me salue, mais continue sa conversation tout en me prenant à témoin. Il ne tient compte ni des mots ni des gestes que je lui adresse pour lui signifier mon départ. Il se déverse en vagues continuelles. Je réalise que cet homme dissimule, derrière cette culture pointue et cette urbanité excessive, une angoisse profonde. Quand je parviens enfin à le quitter au bout de deux heures, il me dit qu'il retourne chez lui la semaine prochaine et qu'il ira au Louvre et au Conservatoire de Paris. Il aime tellement s'y perdre…

Trois semaines après, il est pourtant de retour dans cette unité de soins palliatifs. Il m'accueille d'un grand sourire mais son visage est couvert d'hématomes. Il est tombé un soir chez lui dans sa salle de bains. Son cancer a progressé et il mesure que ses forces le quittent. Il admet dans un souffle qu'il doit à présent se préparer à mourir.

Il me confie qu'il n'est pas croyant et qu'il ne veut pas être enterré. Surtout pas dans le caveau familial à Bordeaux. Il a décidé de faire don de son corps à la science. Je suis donc surpris quand il me dit qu'il a demandé le sacrement des malades et qu'il aimerait que je sois là. Ses yeux se voilent et trahissent son émotion. Il me dit que ma présence lors de ce sacrement le rassurerait. Lors de la cérémonie pour laquelle je me suis libéré, il est touché de ma présence et me manifeste sa gratitude. Il ne laissera rien paraître d'autre de son état intérieur et je ne saurai pas ce que représente ce rituel pour lui qui se dit non croyant. Une autre fois, il me demande de l'accompagner à la chapelle pour y suivre une messe. Nous y allons. Il ne dira pas un mot, n'aura pas un signe.

Les semaines passent qui l'entraînent dans un lent déclin. Son état s'altère, la fatigue s'installe, il est très amaigri. Ses traits sont tirés et ses pommettes marbrées. Il m'accueille avec sa phrase rituelle : « Nous nous connaissons, n'est-ce pas ? Nous n'avons donc pas besoin d'être présentés. » L'humeur toujours aussi taquine et le regard complice toujours aussi mutin, il tient à faire bonne figure mais sa fatigue est visible. Je peine désormais à comprendre ses mots, à la fois parce qu'il ne parvient pas à articuler et parce qu'il s'exprime dans un souffle, par économie. Je le comprends mal et je ne le lui cache pas même si, pour l'épargner, je ne lui fais pas tout répéter. Son regard est encore vif et j'y lis qu'il apprécie ma franchise même si elle semble le blesser un peu. Mais je me refuse à faire semblant. Nous avons fait un long chemin ensemble ces derniers temps. J'éprouve beaucoup de peine à voir à quel point son corps s'est dégradé. Je n'ai pas non plus voulu laisser croire qu'il n'aurait pas changé… Par respect, par vérité. « Je suis une ruine », lâche-t-il. Aveu d'impuissance pour lui. Pour moi aussi, qui n'ai rien à opposer à cet aveu…

Ce soir, il me regarde avec une intensité et une profondeur inhabituelles, un regard qui prend son temps, sans fard, sans comédie. C'est la seule fois qu'il évoquera la question de la mort et de la souffrance. Il lâche : « Il faut bien plier… » Gilgamesh ne peut le sauver. Seule demeure une grande incertitude. À mesure que le savant s'efface, l'homme point. J'apprends seulement là qu'il se prénomme Gérard. Rarement ai-je été aussi ébranlé. C'est la pauvreté humaine radicale que je côtoie là maintenant. Cet homme si érudit, qui a vu le monde, est désormais presque réduit à l'état de squelette, lui qui il y a quelques semaines devisait si savamment. Curieusement, je me sens bien à ses côtés. Attristé mais bien... Ce qui me surprend le plus, c'est que je ne sais ni quoi dire ni quoi faire. Je suis démuni. Pourtant, quand son regard plonge dans le mien, quelque chose émane, surgit de moi et je me surprends à lui dire, avec les yeux mieux qu'avec des mots, la sympathie, la tendresse, la confiance. Par le regard, il lit mon impuissance mais mon amitié aussi. Il en semble à la fois triste et attendri, presque heureux. Il voit bien que je ne peux rien pour lui, seulement être là, sans trop de gêne, sans dérobade. Dans ces regards partagés, nous mettons en partage notre simple humanité, dans sa profondeur, dans ses limites aussi. Et lui, le bavard impénitent, semble enfin trouver, dans le regard et dans le silence, un certain domicile.

Gérard m'a aidé à comprendre ce que c'est qu'être un homme, ce que c'est qu'*être humain*. C'est, je crois, *consentir* à toutes ses dimensions, à ses hauteurs et à ses misères, à ses forces et à ses insuffisances, à ses cimes et à ses gouffres. Être un homme, ce n'est pas être un héros sans défaut, sans faille, survolant l'abîme, au-delà de la chute. Pas la chute au sens biblique de « péché », de « faute » ; la chute en tant que limite, faiblesse, erreur, besoin, insuffisance, impuissance... Nier la chute, ce n'est pas être un homme. C'est être *idée d'homme*. À la lumière de mon expérience au chevet des plus faibles, il me semble même que celui qui se détourne de sa fragilité se dérobe en même temps à son humanité. On peut admirer la force, la puissance, la brillance, on peut la désirer, on peut la craindre, mais peut-on l'*aimer* ? Il me semble qu'on ne peut aimer que lorsqu'on a été touché, rendu sensible par des choses belles, joyeuses, exaltantes certes, mais peut-être plus encore par la misère, la souffrance, la peine ordinaire. J'aime la compagnie des gens fragilisés car ils m'apprennent à aimer. Être un homme, c'est, je crois, accepter que la plaie soit notre condition première.

Gérard est mort deux jours après ma visite. C'était bien un adieu. Deux heures avant de mourir, il a confié à une bénévole dont il était également très proche : « Il me reste à prier. »

II.

Dépouillements et creusements

Prenant appui sur l'évocation du parcours des malades qui vient d'être faite, nous allons maintenant tenter d'affiner, parmi l'ensemble des souffrances de fin de vie, le visage d'une souffrance qui serait spécifiquement spirituelle.

Arrêtons-nous d'abord sur la manière dont le mourant, qui vacille entre repli sur soi et dépassement de soi, est saisi dans ses peurs et ses besoins et comment, à travers ses multiples renoncements, il est invité à un ultime rendez-vous avec lui-même.

Les peurs du mourant

D'un point de vue psychique, la fin de vie est de nature à révéler un ensemble de peurs radicales que nous parvenons le plus souvent à occulter ou à juguler au long de notre vie. Il est entendu que ces peurs sont le plus souvent du même ordre (seulement plus vives et plus visibles) que celles qui nous affectent ordinairement dans notre vie de « bien-portant ».

Quand on interroge les gens à travers des enquêtes, on découvre avec étonnement que la peur de la mort, admise ordinairement comme une évidence, n'est spontanément mise en avant que par une personne sur cinq. L'expérience de la proximité de la mort, l'âge et les croyances semblent d'ailleurs pouvoir la réduire significativement : les veufs, les personnes ayant failli mourir ou encore les croyants déclarent majoritairement ne pas avoir peur de mourir. Le sentiment d'avoir eu une vie bien remplie joue dans le même sens[31].

Ce qui est davantage mis en avant, c'est la crainte de perdre un proche ainsi que la crainte des ravages de la maladie. Sur ce registre, une étude de l'Institut national de prévention et d'éducation pour la santé (INPES) de 2003, menée auprès de la population générale, met en avant que ce que les gens craignent le plus c'est de souffrir et de devenir dépendants[32]. L'inquiétude devant l'inconnu (registre spirituel) et la peur de l'isolement (registre social) n'arrivent quant à elles généralement que derrière et ne viennent semble-t-il pas immédiatement à l'esprit[33].

Au moment de la fin de vie, la peur principale ne semble donc pas être d'abord celle de mourir mais plutôt dans l'ordre :

– La peur de souffrir ou d'assister à la souffrance de l'autre.

– La peur de la perte d'autonomie (physique, psychique) ; celle-ci peut recouvrir plusieurs situations : sentiment de déchéance ou d'indignité, peur de la dépendance, peur de devenir un poids pour ses proches.

– La peur de la rupture du lien (peur de la séparation ou peur de l'isolement) recouvrant chez le malade la peur d'être négligé ou abandonné ou encore la culpabilité de devoir quitter les êtres chers, et chez le proche la peur de rester seul[34].

La perspective de la mort engendre donc un tumulte de peurs. Ce qu'il importe de noter, c'est que *l'inquiétude du mourant est le reflet multiforme de sa complexité personnelle.* Ses peurs s'exercent soit à son endroit (« Que va-t-il m'arriver ? »), soit à l'égard de ses proches (« Comment vont-ils supporter ma maladie et ma disparition ? »). Elles tiennent d'abord à la dimension corporelle de la fin de vie – douleurs physiques d'une part, déchéance (c'est-à-dire dégradation de la perception de soi due en particulier au délabrement de son corps) d'autre part – et en second lieu à sa dimension plus immatérielle, sociale ou spirituelle.

À propos du spirituel, Raymond Lemieux évoque une « expérience de l'incertitude[35] ». Le Dr Cavey évoque, lui, un « trou noir conceptuel[36] ». Il serait donc selon lui plus judicieux de parler d'« angoisse » que de « peur ». En effet, selon les psychologues, la peur est le sentiment que l'on éprouve devant un danger identifié et l'angoisse celui que l'on éprouve devant l'inconnu.

Je me souviens à cet égard de cette femme qui m'accueillait dans une bousculade de mots : « Ça ne va pas du tout ! Ça ne va pas du tout ! » Les yeux fous, à bout de souffle, elle me serrait convulsivement le bras : « Il faut que ça sorte, il faut que ça cesse ! » Mais elle ne savait pas dire quoi. Elle s'était perdue dans le labyrinthe de ses angoisses qui la dévoraient, et tournait sur elle-même, sans parvenir à dégager une issue. Il en était ainsi tous les soirs à la même heure. Devant la nuit qui tombe, en écho avec la mort qui vient, on constate que les peurs du mourant dégénèrent souvent en angoisse, plus déchirante et plus confuse. Même si j'étais impuissant à soulager cette femme, elle avait quand même désespérément besoin de me sentir là, à ses côtés.

On peut ainsi constater que la souffrance spirituelle ne se laisse pas aisément voir, sans doute prise dans la gangue trop épaisse de ces peurs confuses.

Les besoins du mourant

Allant plus loin, on peut se demander s'il existerait un « besoin spirituel » dont l'insatisfaction viendrait provoquer une souffrance. Le ministère de la Santé reconnaît que « les soins d'accompagnement visent à répondre aux besoins spécifiques des personnes parvenues au terme de leur existence[37] ». Le dictionnaire *Littré* définit le besoin de la manière suivante : « Manque de, avec désir ou nécessité d'avoir. En physiologie, on donne le nom de "besoin" à cette sensation qui porte les animaux à certains actes indispensables pour l'entretien de la vie. Indigence : être dans le besoin. Choses nécessaires à l'existence. »

De nombreuses études ont mis en évidence les besoins de la personne. Une des plus fameuses est celle d'Abraham Maslow qui fut formalisée en une pyramide[38] :

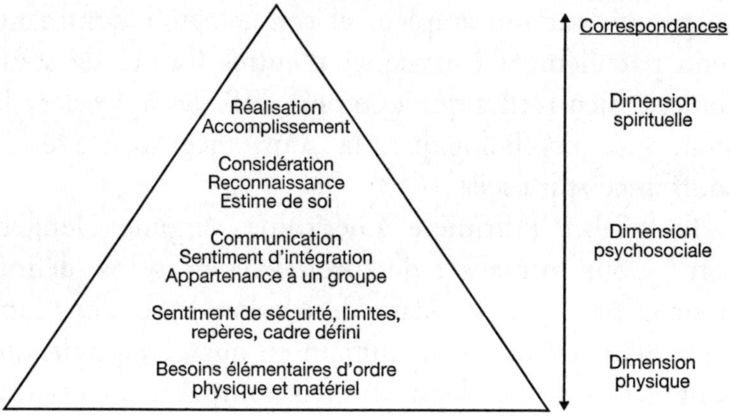

Pyramide des besoins et du développement de la personne

Cette pyramide représente que les besoins vont, dans le sens de la flèche de la pyramide qui symbolise un cheminement, du plus basique au plus subtil, du plus visible au plus discret. On y retrouve grosso modo, et selon presque la même gradation, les dimensions physiologique, psychologique, sociale et spirituelle que les spécialistes des soins palliatifs observent en matière de souffrance et que j'ai portées en correspondance, à droite de la pyramide.

Comme on dit que « ventre affamé n'a point d'oreilles », on pourrait dire tout aussi proverbialement qu'un corps maltraité ne peut plus penser et qu'il se réduit au besoin d'être pansé ! Le besoin physique tend en effet à masquer les autres besoins. Quand il n'est pas satisfait, ce besoin du corps se mue en douleur du corps qui, par son ampleur et son caractère dominant, tend pareillement à masquer d'autres formes de souffrances, bien réelles quoique plus difficiles à déceler : la souffrance psychologique, la souffrance sociale et la souffrance spirituelle.

La célèbre infirmière américaine Virginia Henderson[39], pour formaliser des protocoles de soins, définit pour sa part dans le sillage de Maslow les besoins fondamentaux de tout être humain en quatorze points qui sont devenus une doctrine incontournable en matière de soins infirmiers. Mais ni elle ni Maslow n'identifient le besoin spirituel comme tel quoiqu'il soit probablement sous-jacent dans leurs classifications. Peut-on tout de même considérer qu'il s'agirait d'une notion pertinente ? Selon le Dr Rougeron, la notion de besoin spirituel « est apparue au cours d'une réflexion menée par les professionnels sur l'équipe soignante. Dans un second temps, une réflexion a été menée par les représentants des aumôneries chrétiennes (catholiques et protestantes) dans les années 1970[40] ». Il les répertorie de la manière suivante :

– Les besoins cognitifs, essentiellement théoriques et philosophiques, parmi lesquels le besoin de dignité, le besoin de sens de la vie et de la mort, le besoin de reconnaissance et de connaissance à soi-même, et le besoin de comprendre ce qui se passe.

– Les besoins existentiels parmi lesquels le besoin fondamental de lutter pour la vie, le besoin de donner et de recevoir, le besoin de continuité, le besoin de réconciliation, le besoin de relecture de sa vie, le besoin de temps, le besoin de vivre des rituels…

– Les besoins émotionnels : besoin d'expression de peur, de tristesse, besoin de relation et de présence humaine, besoin d'affection…

Il est certes utile de chercher à classifier : cela est nécessaire pour débroussailler le maquis des besoins et permettre d'identifier des réponses adaptées. Mais en l'espèce, je m'interroge : n'est-ce pas quelque part en contradiction avec l'esprit même des soins palliatifs qui se sont bâtis sur l'idée fondamentale de l'*unité* et de la globalité de la personne humaine et sur l'autre idée, non moins fondamentale, de l'*unicité* de la personne humaine et de la non-pertinence des réponses générales ou génériques ? Établir des grilles de lecture, des protocoles d'observation, des catégories distinctes pour servir le praticien des soins palliatifs, n'est-ce pas encore céder à la tentation de disséquer l'ensemble pour proposer ensuite des réponses ciblées ? Déjà entre les domaines psychologique, social et spirituel, les frontières ne sont pas vraiment strictes et hermétiques et il n'est pas aisé, face à un besoin complexe et confusément exprimé, de lui attribuer telle ou telle étiquette. Alors découper le besoin spirituel lui-même…

Le domaine spirituel a comme caractéristique, me semble-t-il, de mal se réduire à des catégories et à des modélisations. Il s'agit d'une expérience polymorphe et avec une forte dimension irrationnelle, complexe à appréhender et à systématiser, si tant est que cela soit possible. Peut-on rêver d'un guide, d'un manuel, d'un protocole pour identifier des besoins de nature spirituelle comme il en existerait en matière physiologique ? Sur ce modèle, les Anglo-Saxons proposent désormais des protocoles d'identification et de décodage du besoin spirituel. En ce sens, les travaux du Dr Christine Puchalski, directrice du George Washington Institute for Spirituality and Health, cherchent à promouvoir un décodage du besoin spirituel fondé sur une rigueur scientifique et sur des preuves (*evidence-based spiritual care*), et des accompagnements pluridisciplinaires répondant à des critères professionnels. La doctrine française se démarque radicalement de cette conception plutôt positiviste et quasi chirurgicale. L'idée de baliser cette rencontre entre deux individus, à l'image de ce que font les Anglo-Saxons qui jaugent les « besoins spirituels » au terme d'une évaluation quantitative et qualitative, a d'ailleurs été fermement rejetée au congrès 2007 de la Société française d'accompagnement et de soins palliatifs (SFAP). J'ai déjà insisté sur le fait que chaque nouvel accompagnement est une « première fois », un saut dans l'inédit….

Si la souffrance naît en premier lieu de l'insatisfaction des besoins, il ne faut pas négliger qu'elle surgit aussi souvent des renoncements que la vie nous impose. Le mourant est amené à perdre, voire à se perdre, parfois jusqu'à l'insupportable. Ses capacités physiques et psychiques se trouvent sévèrement altérées. Il ne se reconnaît plus. Il est brisé, ne s'inscrit plus dans la rassurante continuité de sa vie.

Pour cette femme, l'arrivée quelques semaines plus tôt en soins palliatifs avait marqué la fin de l'usage de ses jambes. Elle avait cessé de marcher à compter de ce jour. Quand elle vit devant moi un autre malade déambuler lentement dans le couloir, elle lâcha, abattue : « Tiens, un promeneur ! Il peut encore se promener, lui. » Ce qui nous paraît anodin peut s'avérer cruel quand il renvoie à ce qui est en train de se perdre. Une autre femme citée par une de mes amies bénévoles disait : « Je n'ai plus personne, même mes chiens sont en papier » (en photo). Une autre se plaignait de se sentir brutalement exclue de la vie : « Je suis comme un lion en cage dans cette chambre, je ne vois même pas les arbres dehors. À l'extérieur, c'est la vie, les arbres, les oiseaux, les gens qui ouvrent leurs volets… ici, on se sent coupé de la vie, on est loin de la nature[41] ».

La perte est cependant l'expérience incontournable de la vie. Et comme l'écrit Sogyal Rimpoché : « Toutes les pertes que nous pourrions subir tout au long de notre vie sont réunies au moment de la mort, en une seule perte accablante[42]. » Cette perte finale et accablante est-elle pour autant forcément stérile, désespérante ? Notre époque matérialiste ne nous prépare pas à la perte ni à l'impermanence des choses. Elle nous exhorte à la possession, à l'accumulation, à la conservation, entretenant l'illusion qu'il serait désormais possible de ne rien perdre. Quelques épreuves entraînent toutefois une perte irréversible : le divorce, la maladie ou la mort nous inscrivent dans une réalité irrémédiablement différente, sans possibilité de revenir à la « dernière sauvegarde ».

Après s'être tant attaché aux êtres et aux choses, comment faire, dans ce contexte, pour se détacher ? On ne se défait pas ainsi de tous ceux auxquels on s'est attaché, de tout ce à quoi on s'est identifié. C'est toujours un arrachement. Certains toutefois y parviennent et semblent découvrir derrière la perte comme une légèreté et un autre horizon de vie… Comme cette femme qui me disait : « Comprenez-moi. En même temps que je souffre, en même temps que je pleure, il se produit chaque jour quelque chose d'extraordinaire : je comprends enfin que chaque jour de vie est extraordinaire. Même clouée dans mon lit, même entravée, réduite à des tâches tristement répétitives, regardez comme la lumière d'aujourd'hui n'est pas celle d'hier. La nourriture a changé, les visites, les soignants, même les soins changent aussi. Chaque jour est neuf. C'est inouï, n'est-ce pas, de devoir en passer par là pour s'en rendre compte ! »

Faut-il se dépouiller pour revêtir enfin sa nudité ?

Dieu dit à Abraham : « Quitte ton pays, ta parenté et la maison de ton père, pour le pays que je t'indiquerai » (Genèse 12, 1). Ne faut-il pas d'abord se quitter pour espérer se trouver ?

« D'où viens-je ? Où vais-je ? »

Soudain interpellé par sa maladie qui réveille des peurs enfouies, révèle des besoins inassouvis et lui enjoint sans ménagement de quitter ou de perdre, le malade est propulsé sur une trajectoire alternative et non préméditée de sa vie. Il se heurte brutalement à la question « Où vais-je ? » qui, dans ce contexte particulièrement anxiogène, appelle un bilan douloureux : « D'où viens-je ? Qu'ai-je fait de ma vie ? Qu'ai-je fait pour en arriver là ? » Quand en plus il prend conscience du caractère irrémédiable de sa maladie, alors qu'il pouvait encore pendant le temps du traitement s'accommoder du déni, c'est toute son existence d'homme ou de femme qui se trouve brutalement dénudée et tout un système de valeurs qui se voit mis à plat.

Quelle valeur donner à tout ce qui a jusqu'alors été vécu ? Ce peut être bien sûr le temps des souvenirs, des saveurs, des visages, des joies et des accomplissements. Mais ce peut être aussi le temps amer des « Ah, si j'avais su… Ah, si j'avais pu… ». Les grandes joies passées peuvent-elles suffire, dans le bilan final, à compenser les remords persistants ? Quel sens donner désormais à tous ces rêves ajournés qui ne se réaliseront pas ? On a beau « faire le sage », dire avec hauteur que la vie nous a comblés et qu'il ne manque rien, pour beaucoup les regrets ont le goût des cendres, puisqu'il faut tout quitter sans savoir où on va. « Que vais-je devenir maintenant que mes forces me trahissent, que mes rêves s'évanouissent, que la vie me déserte ? Comment faire le deuil avant même d'être mort ? À quoi sert de vivre puisqu'il nous faut mourir ? » De tout temps, ces questions hantent l'homme qui s'efface.

Devant une modernité désenchantée* qui n'a plus guère à proposer comme perspective au « Où vais-je ? » que le néant, l'angoisse de fin de vie semble s'être déplacée et peut-être même amplifiée. Alors que pendant des siècles, l'inquiétude face à la mort reposait sur la terreur de l'enfer, elle semble aujourd'hui essentiellement jaillir d'une certaine vanité de l'existence terrestre. Que reste-t-il aux générations actuelles qui ont cessé de croire au paradis, ou à l'enfer, sinon la désespérance du néant[43] ? Quand la question du « Où vais-je ? » s'éteint, le d'« Où viens-je ? » et le « Qu'ai-je fait ? » prennent toute la place mais butent douloureusement sur l'absence de perspective. C'est ce qui fait dire à la sociologue des religions Danièle Hervieu-Léger que l'enfer est désor-

* On entendra ici le mot « désenchanté » dans son sens symbolique (perte de sens, d'explications surnaturelles) et non dans le sens sociologique de perte de pouvoir politique des religions. On pourrait également parler de modernité « désymbolisée ».

mais « ce qui précède la mort, pas ce qui se tient après[44] », pour des raisons à la fois physiques, psychiques et culturelles tenant aux conditions actuelles de la fin de vie.

Entre l'omniprésence révolue de la religion et la tyrannie résolue du néant, quel espace reste-t-il pour pouvoir tracer une voie du sens ? Où trouver désormais le sens dans notre société qui se déchristianise inexorablement, quand les textes ne parlent plus, quand les saints n'enchantent plus, quand les pères ne guident plus ? Mais également où trouver le sens dans cette société qui ne valorise que la puissance personnelle, la suffisance et l'autonomie, la liberté sans entrave, la jeunesse… quand, gravement malade et mourant, on se situe par la force des choses aux antipodes de ces canons de la réussite ? C'est pourquoi, malgré tout, ce temps de la fin de vie demeure souvent le temps privilégié de la religion dont la vocation première est d'abord de proposer un sens à la mort, et par extension à la vie, à ses épreuves et à la condition humaine. Il n'est donc pas étonnant que les fins de vie modernes demeurent souvent marquées par des *sursauts religieux*, des ébauches de retour généralement vers la religion de son enfance. « Il me reste à prier », disait Gérard…

Si pour ceux qui ont été plus ou moins croyants au cours de leur vie, la religion peut continuer à faire sens à l'approche de la mort, il est rare que ce soit le cas pour celui qui n'a jamais cru. L'homme moderne, même à l'agonie, ne renonce pas aisément au rationalisme qui le structure très profondément. Il continue généralement de refuser ce qu'il prend volontiers pour des superstitions. J'ai souvent observé que ceux qui se tournent à la fin de leur vie vers la religion le font comme pour s'assurer qu'ils ne passent pas à côté de quelque chose d'important. Ils ne sont la plupart du temps pas dupes que ce possible sursaut religieux aurait quelque chose de la bouée de sauvetage au cœur du naufrage. J'ai ainsi fréquemment entendu des non-croyants me dire : « Quand je mourrai, peut-être me tournerai-je alors vers la religion. Mais je crains de trouver ça un peu lâche. » Il est rare de devenir authentiquement croyant dans ses derniers instants quand on ne l'a jamais été au long de sa vie. La croyance subite est alors plutôt un mécanisme de protection psychique qu'une véritable expérience spirituelle. Dans la fin de vie comme tout au long de sa vie, on peut être tenté de croire ce qui nous arrange. Mais « on meurt souvent comme on a vécu », dit l'adage…

« Où vais-je ? » est une question par nature spirituelle. C'est la réponse qui l'est plus ou moins. Et puisque à l'approche de la mort ni les perspectives tracées par les religions ni la contemplation du passé ne semblent suffire désormais à faire sens et à rassasier l'être, on observe souvent que la question existentielle mute pour se déplacer vers des espaces plus profonds et plus radicaux.

« Qui suis-je ? »

L'être humain ne s'inquiète jamais autant de savoir qui il est que lorsqu'il réalise qu'il ne sera bientôt plus. Depuis la nuit des temps, c'est la question ultime, la pointe de toutes les questions. Il n'est pas étonnant qu'elle surgisse avec tant de force en fin de vie. Car la maladie vient d'abord altérer les traits physiques et psychiques. Elle vient ébranler sinon modifier radicalement l'image que la personne se faisait jusqu'alors d'elle-même, déconstruisant au passage l'identité qui y était associée. Mais la question du « Qui suis-je ? » ne se résout pas seulement dans le regard que l'on porte sur soi. Le « Connais-toi toi-même » du temple de Delphes ne dit pas que l'homme pourrait accéder à la connaissance tout seul, par la seule méditation sur soi. L'homme dépend fondamentalement de la relation. « Aucun être humain ne se développe par pur déploiement : chacun n'accède à son humanité que par la relation », souligne Maëla Paul[45]. La connaissance de soi s'éclaire donc nécessairement à la lueur des autres. L'identité se façonne et se découvre surtout au feu de l'autre.

Le malade associe souvent également la perte de son intégrité physique et psychique à la perte de son identité : « Qui suis-je quand mes jambes ne me portent plus, quand mes boyaux ne se tiennent plus, quand ma tête ne répond plus ? » Il craint d'en arriver au point où on dirait de lui : « C'est une épave* » ou pire : « Ce n'est plus qu'un légume… » Il s'imagine qu'il perd sa dignité au rythme de son délabrement, à mesure qu'il part en morceaux, et qu'il en est de même de son identité : *« Qui suis-je quand je ne suis plus qu'une partie de ce que je fus ? »*

Le malade souffre également, quand il se met à dépendre largement de son entourage familial ou de professionnels, de devoir se soumettre aux choix et aux rythmes qu'imposent les contraintes de sa prise en charge. Il doit se résigner à être conduit et pris en main. Il ne fait plus ce qu'il veut quand il veut. Il n'est plus le maître chez lui. Nombreux sont ceux que devoir renoncer à une part de leur autonomie accable ou met en rage : *« Qui suis-je quand ce sont les autres qui décident désormais pour moi** ? »*

---

* On se souvient de l'amertume de cette femme privée de l'usage de ses jambes, ou de Gérard qui disait de lui : « Je suis une ruine. »

** Pendant longtemps, le corps médical a pu imposer au malade ses décisions, au risque de créer les situations d'acharnement thérapeutique. La loi « droit des malades et fin de vie » du 22 avril 2005, dite « loi Leonetti », consacre désormais pleinement le principe du respect de l'autonomie du malade. Elle lui reconnaît, entre autres, le pouvoir de refuser *tout* traitement fût-il nécessaire à la préservation de son état de santé, rendant ainsi illégale l'« obstination déraisonnable ». Cette disposition audacieuse est de nature à conforter réellement le malade dans la préservation de son identité.

Le malade est donc aussi malmené dans ses repères sécuritaires. N'ayant plus du tout la même maîtrise des événements de sa vie, il peut prendre vraiment peur, d'autant que ses protections se sont révélées insuffisantes, ainsi que l'atteste au niveau corporel sa maladie : *« Qui suis-je quand mes digues cèdent ? »*

Enfin, le malade souffre souvent de désocialisation : la maladie le conduit le plus souvent à se mettre en retrait de la société. Nombreux sont ceux qui enragent d'avoir dû cesser leurs activités habituelles. À l'hôpital, on est souvent seul : non seulement on souffre, mais en plus on s'ennuie. L'isolement peut également résulter de l'attitude distanciée de son entourage trop embarrassé. De plus, il doit souvent faire face à un changement de mode relationnel : il est malgré lui mis à nu, exposé tant physiquement que psychiquement, et la relation ne s'établit plus sur un pied d'égalité. On ne lui parle plus « normalement », il ne comprend plus aussi vite, il ne s'exprime plus aussi bien : *« Qui suis-je quand mes liens se détériorent ? »*

Même usé, le malade qui veut éluder ces questions trouve étonnamment toujours suffisamment de force pour le faire. La fin de vie est sans doute une *invitation* à considérer la question du « Qui suis-je ? » et de l'identité. Elle n'est en aucun cas une *injonction* à le faire.

Pour certains cependant, ces changements sont l'occasion inédite de s'ouvrir et de se découvrir autrement. C'est en effet au moment où le corps et l'esprit se dégradent que, comme pour y échapper, le malade qui s'est longtemps identifié à son image tente souvent de retrouver *une autre identité, plus intrinsèque et moins altérable*. Pour le Dr Salamagne : « La dégradation du corps renvoie l'être – il ne faut pas le nier – à une élaboration d'ordre spirituel[46]. » Le Dr Burucoa, chef du service d'accompagnement et de soins palliatifs du CHU de Bordeaux, témoigne d'ailleurs qu'il n'a « jamais rencontré une personne en fin de vie faire l'apologie du sexe, ou de l'argent ou du pouvoir, jamais. Par contre, je n'en ai pas rencontré un seul qui ne se soit pas situé dans sa vie par rapport à l'amour[47] ». À la différence de la vie « active » où les besoins sont multiples et souvent éparpillés, la fin de vie peut s'avérer plus simple et recentrée sur quelques besoins et interrogations essentiels autour du « Qui suis-je ? » : pour beaucoup, à la fin, la question qui semble résumer toute une vie est souvent « Ai-je été aimé ? » et plus finement encore « Ai-je aimé ? ». La réponse exclut alors toute abstraction.

III.

La souffrance globale

Pour permettre de porter sur le malade un regard aussi complet que possible, et afin de ne pas passer à côté des interactions fréquentes entre les diverses souffrances, les soins palliatifs ont établi que ces souffrances sont à considérer comme autant d'aspects d'une même souffrance dite « globale », censée rendre compte de l'égale globalité de l'être. Il est bien évident que le paradigme de la souffrance globale ne vaut pas que pour la personne en fin de vie et qu'il convient également de l'appliquer à toute personne *en vie,* ce qui n'est pas encore totalement rentré dans les mœurs médicales.

La séquence suivante est tout ce qu'il y a de plus classique : « Docteur, j'ai mal... ! – On va vous donner un calmant. Ça ira très vite mieux. – Ah ! Merci... Mais, docteur... – Oui ? – Je suis mal... – Ah !... »

Douleur ou souffrance ?

Pour le Dr Salamagne : « Il y a effectivement une différence entre douleur et souffrance, entre "j'ai mal…" qui est le cri de la douleur et "je suis mal…" qui requiert une prise en compte de toute la personne[48]. » Avant toute chose, il est indispensable d'affiner la distinction entre la notion de douleur et celle de souffrance. En pratique, on observe que ces deux mots sont très souvent indistinctement employés. Même dans le champ des soins palliatifs, ils sont encore loin d'être définis de manière homogène et stabilisée, signe que nous observons une discipline jeune et encore en plein effort de définition d'elle-même.

Pour le dictionnaire *Le Robert*, la douleur – qui peut être soit physique, soit morale (comme le montre par exemple l'expression « partager la douleur de quelqu'un ») – correspond à une sensation ou à un ressenti, alors que la souffrance, dont l'étymologie latine *sufferentia* évoque l'endurance, comporte une dimension moins immédiate, déjà en recul, une idée de tolérance ou d'intolérance, et donc, plus avant, d'interprétation et de détermination de soi.

Généralement, le terme de « douleur » est employé pour des troubles physiologiques qui sont susceptibles de recevoir une médication appropriée, par la prescription d'antalgiques notamment. Ainsi, pour l'International Association for the Study of Pain (IASP), la douleur est une « expérience sensorielle et émotionnelle désagréable liée à des lésions tissulaires réelles ou potentielles ou décrites en des termes évoquant de telles lésions ». L'ancien président du conseil de l'Ordre des médecins, le Dr René, disait : « Ne dites plus : c'est une douleur insoutenable, traitez-la[49] ! »

Le terme « souffrance » serait, lui, plutôt réservé à l'ensemble des autres afflictions. Le Pr Régis Aubry souligne notamment qu'« on peut avoir mal sans souffrir (la douleur qu'éprouve le sportif par exemple est contrôlée). On peut souffrir sans avoir mal. On peut être mal sans avoir mal. La souffrance est beaucoup plus difficile à définir que la douleur parce qu'elle est moins réductrice, parce qu'elle n'est ni objective ni objectivable. La notion du temps intervient également : si la douleur est un passage, une expérience, la souffrance est plus un état[50] ».

On note cependant que le psychologique aurait une dimension hybride, relevant tantôt d'une médication (antidépresseurs, anxiolytiques), tantôt d'un accompagnement (psychothérapie). Le Pr Aubry met en garde : « Il faut éviter une dualité réductrice qui peut renvoyer à une réponse elle-même duelle et réductrice : souffrance physique = recours à la médecine / souffrance psychique = recours à la psychologie. » L'article II de la « Charte du patient hospitalisé » la fait plutôt relever du premier registre quand il stipule : « Au cours des traitements et des soins, la prise en compte de la dimension douloureuse, physique et psychologique des patients et le soulagement de la souffrance doivent être une préoccupation constante de tous les intervenants[51]. »

Il semble toutefois raisonnable, par convention, de réserver le terme de « douleur » à la dimension corporelle de la souffrance et celui de « souffrance » aux autres afflictions pénibles que rencontre le patient. Cette proposition de définition a le mérite de correspondre assez largement au vocabulaire en usage chez les professionnels même si elle s'écarte un peu de celles du dictionnaire et de certains usages relativement isolés.

Notons toutefois qu'il n'existe pas en français – ni même en anglais – de verbe pour « douleur ». C'est le même verbe « souffrir » qui, de manière englobante, s'applique tant à la notion de douleur qu'à celle de souffrance. Signalons également que l'adjectif « souffrant » semble réservé aux personnes (on dit rarement une « épaule souffrante »), alors que l'adjectif « douloureux » s'applique indistinctement aux choses comme aux personnes (un patient est douloureux), aux causes (une fracture douloureuse) comme aux organes (un foie douloureux). Remarquons enfin que « douloureux » est employé autant pour les douleurs physiques que pour les souffrances morales (une douloureuse épreuve).

Le contenu de la souffrance globale

À l'origine du mouvement moderne des soins palliatifs, la Britannique Cicely Saunder prit conscience du caractère global de la souffrance. Cette infirmière, devenue plus tard médecin pour mieux réaliser son projet, forgea, à partir de son observation des malades, le concept de *total pain* (douleur totale). Ce concept a permis de mettre en évidence, au-delà du seul aspect somatique de la douleur, d'autres dimensions de la souffrance humaine. Sa pertinence a été très vite empiriquement reconnue par l'ensemble des soignants au contact des mourants.

Le Dr Saunders avait identifié quatre dimensions de la « douleur totale » du malade que nous avons déjà évoquées : les dimensions physique, psychologique, sociale et spirituelle[52], aujourd'hui assez communément admises, encore que tous, selon leur sensibilité ou leur contexte culturel, ne s'accordent pas nécessairement sur leur contenu. C'est ainsi qu'elle définissait, par exemple, dans la Grande-Bretagne des années 1970, la « souffrance sociale » (*social pain*) comme celle que la famille – malade inclus – éprouve en tant que groupe à l'approche de la mort de l'un des siens. Et elle énumérait comme composantes de cette souffrance sociale les soucis matériels du malade et de ses proches, la fatigue, les difficultés de communication et la peine de la séparation… Aujourd'hui en France, on entend derrière « souffrance sociale » plutôt la souffrance née de la mise à l'écart de la société, délibérée ou subie, réelle ou imaginée, que le malade ressent. Derrière cette idée se tiennent des expressions pesantes : « abandon », « solitude », « oubli », « malaise »… Pour y remédier, on tentera dès lors de réintroduire le mourant dans la société en procédant à des actions particulières (assistance sociale, bénévolat, actions de sensibilisation sur la maladie et de revalorisation de la fin de vie) afin de rompre son sentiment d'isolement.

Ainsi, dans les premiers temps des soins palliatifs, il y eut la découverte (ou la redécouverte !) de la réalité et de la diversité des souffrances qui affectent le malade en fin de vie. Par le jeu des traductions, l'expression « douleur totale » est devenue en français « douleur globale ». Alors que « douleur totale » pouvait induire plutôt une idée de juxtaposition, de somme de souffrances de nature hétérogène, il me semble que le mot « global » est plus juste et rend mieux compte de l'aspect multiforme de la souffrance.

Suivant Cicely Saunders, la Société française d'accompagnement et de soins palliatifs a posé que « l'objectif des soins palliatifs est de soulager les douleurs physiques ainsi que les autres symptômes et de prendre en compte la souffrance psychologique, sociale et spirituelle » (SFAP, 1996). Désormais, la doctrine se représente traditionnellement la souffrance globale selon ses quatre composantes, lesquelles renvoient à quatre familles d'intervenants.

Mais une telle représentation fait ressortir une souffrance globale très fragmentée. C'est une vision qui met davantage l'accent sur les différents spécialistes et leurs champs d'intervention que sur le malade et la réalité de sa souffrance, laquelle est plus complexe et plus

LA SOUFFRANCE GLOBALE

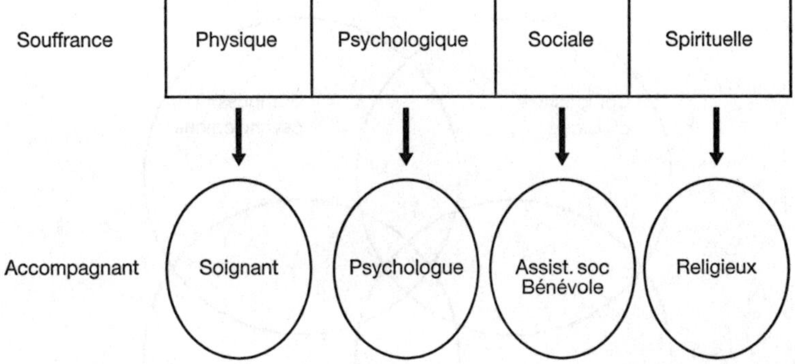

*Les quatre dimensions de la souffrance « globale »**

entremêlée qu'il n'y paraît ici. C'est pourquoi le schéma suivant peut rendre mieux compte des chevauchements et des interactions des différentes composantes de la souffrance. C'est d'ailleurs celui qui figure dans le *Manuel de soins palliatifs*[53].

* Sur cette figure, l'assistante sociale et le bénévole sont désignés emblématiquement comme les intervenants à même de soulager la souffrance sociale du malade. Dans ce champ vaste aux contours incertains, il faut bien sûr aussi prendre en considération l'intervention des collègues de travail, des voisins, des amis…, tous ceux qui contribuent à signifier au malade qu'il a encore une place réelle dans la société. De la même manière on doit mettre derrière la figure emblématique du soignant les médecins, infirmières, aides-soignants, kinésithérapeutes, etc., et derrière celle du psychologue le psychanalyste et tous les autres spécialistes du psychisme ou de l'inconscient appelés à intervenir auprès du malade.

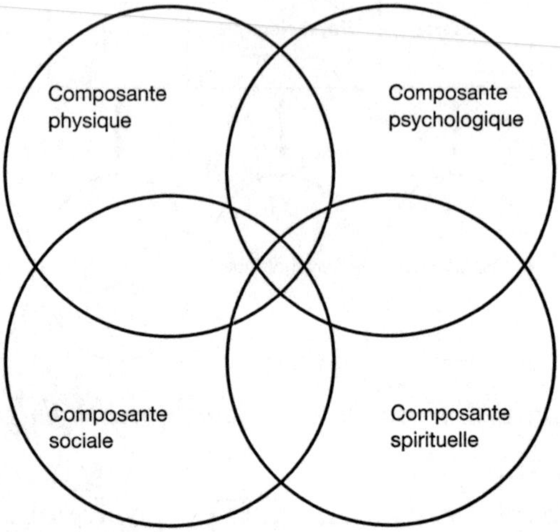

Il apparaît de plus en plus, au fur et à mesure de l'observation attentive de la fin de vie, qu'il n'y aurait donc pas *des* souffrances, mais *une* souffrance de la fin de vie pouvant prendre plusieurs aspects, susceptibles d'ailleurs de se manifester distinctement dans la durée. À cet égard, notons que le mot *pain* en anglais n'a pas de pluriel : dans le monde anglo-saxon, la souffrance est toujours pensée comme singulière et unique.

Nous sommes aujourd'hui, me semble-t-il, passés – ou en train de passer – de l'idée de souffrances multiples à l'idée de souffrance globale, laquelle aurait une *cause unique* – la fin de vie ou tout au moins l'épreuve grave – et des *formes multiples*, celles schématiquement mises en évidence par le Dr Saunders. Il en résulterait deux conséquences.

La première, c'est que la fin de vie serait à elle seule, dans cette interprétation, éventuellement cause de souffrance. Il serait alors nécessaire, dans un projet politique de santé publique et de lutte contre cette souffrance, de « resocialiser la mort » et de réhabiliter la question du sens et celle de la mort en amont de la maladie afin qu'y étant psychologiquement et culturellement mieux préparé, le malade soit laissé un peu moins désemparé par sa souffrance et qu'elle puisse céder un peu en intensité.

La seconde conséquence concerne la *manière d'accompagner* les malades : à l'idée de souffrances multiples – même interpénétrées – correspondent une approche limitée et un suivi fragmenté en fonction des spécialités professionnelles des accompagnants, le malade devant souvent faire lui-même la synthèse, faute d'une réelle interdisciplinarité, des relations et des informations qu'il partage avec chaque spécialiste auquel il s'en remet*. À l'idée de souffrance globale correspond en revanche une approche coordonnée des spécialistes, telle que les soins palliatifs s'efforcent de la mettre en œuvre.

On voit là que la représentation, multiple ou globale, que l'on se fait de la souffrance détermine l'idée, segmentée ou intégrée, que l'on se fait de l'accompagnement.

---

* Cf. schéma p. 109.

Le regard de l'Église catholique sur la souffrance

En 1999, le Conseil économique et social notait que « les résistances culturelles à la prescription d'antalgiques majeurs en France [...] demeurent tenaces dans notre pays par rapport à nos voisins européens notamment la Belgique et le Danemark. Or la maîtrise de la douleur est une composante essentielle d'un accompagnement serein de la fin de vie ».

Dans un pays à la culture catholique si historiquement ancrée, on ne peut aborder la question de la douleur et de la souffrance sans jeter un regard sur le discours de l'Église pour tenter de comprendre quelle pourrait être la part de la religion dans ces « résistances culturelles ». La France est un pays où la doctrine catholique fut longtemps dominante et s'appliquait à tous les aspects de la vie. Elle façonna si profondément la culture qu'il est incontournable de faire état de ses positions, tant passées qu'actuelles, sur la représentation de la souffrance, afin de mettre en évidence l'impact qu'elles ont eu et continuent d'avoir, consciemment ou inconsciemment, sur les mentalités. On rappellera que l'homme occidental demeure en grande partie un produit du christianisme, qu'il se détermine d'ailleurs pour ou contre. On peut même ajouter que, pour sa part, le Français est notablement un produit du catholicisme. C'est un champ immense que je n'aborderai donc que dans ses grandes voies.

Dès les premiers temps du christianisme, saint Cyprien de Carthage, Père de l'Église du IIIe siècle, reconnaissait que la douleur n'épargne pas le chrétien mais qu'elle revêt pour lui un sens fondamental : « Que n'aurions-nous de commun avec les autres hommes puisque nous sommes issus de la même chair ? [...] Nous sommes liés au genre humain par l'identité de notre corps, c'est par l'Esprit que nous nous différencions. [...] Ce qui enfin nous rend différents de ceux qui ne connaissent pas Dieu, c'est que ces derniers se plaignent et maugréent dans l'infortune alors que pour nous, le malheur, loin de nous détourner du vrai courage et de la véritable foi, nous fortifie à travers la douleur[54]. » Saint Augustin va même jusqu'à affirmer que « les maux et afflictions qui nous punissent en ce monde nous forcent et nous contraignent à retourner à Dieu[55] ». Pendant des siècles, ces conceptions ont été constamment reprises et se sont imposées.

Il y a longtemps eu aussi l'idée que la douleur est la conséquence du péché, la punition qui nous est infligée par Dieu pour nos fautes, accréditant la vision tenace d'un Père fouettard. L'adage « On récolte ce qu'on sème » reste bien ancré quoiqu'il fasse abstraction du pardon, pourtant au cœur de la foi chrétienne. Cette idée a pourtant progressivement cédé en puissance, mais elle demeure vive dans certains esprits, signe que les cultures mutent lentement.

Après le décès d'une femme que j'avais accompagnée pendant dix-huit mois, sa garde-malade de nuit, sans mesurer l'énormité de ses propos, me fit un jour cet aveu : « Dans les derniers temps, je lui demandais : "Mais qu'avez-vous donc pu faire dans votre vie pour souffrir autant maintenant ? Quels péchés avez-vous dû donc commettre pour mériter une telle souffrance ?" Je l'amenais à chercher en elle. » J'étais horrifié qu'on puisse culpabiliser de la sorte une personne si fragilisée ! Je ne compris que là les raisons de cette sourde angoisse qui avait surgi les derniers temps. Pendant des semaines, je n'avais rien vu…

Ce n'est qu'en 1957, grâce aux découvertes scientifiques en matière de lutte contre la douleur, que le pape Pie XII a atténué cette conception apologétique de la douleur qui se voulait jusqu'alors non seulement rédemptrice, à l'imitation de celle du Christ, mais aussi littéralement *édifiante* pour le genre humain : « L'homme conserve, même après la chute, le droit de dominer les forces de la nature, de les utiliser à son service, et donc de mettre à profit toutes les ressources qu'elle lui offre pour éviter ou supprimer la douleur physique. Mais […] pour le chrétien, celle-ci ne constitue pas un fait purement négatif, elle est associée au contraire à des valeurs religieuses et morales élevées, et peut donc être voulue et cherchée, même s'il n'existe pour cela aucune obligation morale dans tel ou tel cas particulier[56]. » Validant le recours aux narcotiques, il affirmait à propos de la souffrance que « le chrétien n'est jamais obligé de la vouloir pour lui-même ». Il ajoutait qu'« à la longue, la douleur empêche l'obtention de biens et d'intérêts supérieurs. [...] Sans doute ne la fera-t-on jamais disparaître complètement de l'humanité ; mais on peut contenir en de plus étroites limites ses effets nocifs ». Dans le même temps, il rappelait sa position de 1956 en faveur de l'accouchement sans douleur et apportait des précisions nouvelles pour l'analgésie des mourants[57].

Malgré cette relative avancée de Pie XII, pourtant réputé conservateur, c'est un pape plus populaire qui revint aux fondamentaux de la vision catholique. En 1984, Jean-Paul II rappelait expressément le « sens salvifique de la souffrance[58] » en fidélité à saint Paul qui écrivait : « Je trouve ma joie dans les souffrances que j'endure pour vous » (Colossiens 1, 24). Il précisait aussi que « la souffrance semble appartenir à la transcendance de l'homme ; c'est un des points sur lesquels l'homme est en un sens "destiné" à se dépasser lui-même, et il y est appelé d'une façon mystérieuse ». Plus loin on pouvait encore lire que « la souffrance doit servir à la conversion, c'est-à-dire à la reconstruction du bien dans le sujet ». Par la suite, le Vatican ne semble s'être jamais totalement distancié de cette vision apologétique et rédemptrice de la souffrance. En 1995, le père Bonifacio Honings, consulteur de la Congrégation pour la doctrine de la foi et du Conseil pontifical pour la pastorale des services de la santé, écrivait que « la question de l'humanisation de la douleur par l'analgésie et par l'anesthésie revêt une grande importance. Même si, pour le chrétien, la douleur a une grande valeur pénitentielle et salvifique, la charité chrétienne elle-même exige des personnels de santé le soulagement de la souffrance physique[59] ».

Doit-on comprendre que la douleur serait bénéfique pour le malade chrétien et moins pour les autres ? Doit-on comprendre aussi que la douleur permettrait au soignant de faire œuvre de charité en s'attelant à la faire cesser ? On pouvait encore lire en 1999 que « le chrétien considère donc la souffrance et la mort elle-même comme la possibilité de s'unir de façon intime aux souffrances et à la mort du Christ[60] ». La théologie chrétienne ne dit-elle pas plutôt que c'est le Christ qui se serait humanisé en venant s'unir à nos souffrances et faire l'expérience de la mort ? En février 2004, les évêques de Belgique encourageaient pour leur part la lutte active contre la douleur : « Nous savons que l'approche du moment de la mort va souvent de pair avec des douleurs violentes et tenaces. Quand ces douleurs persistent, elles provoquent aussi d'intenses souffrances psychiques. Aux unes et aux autres, il peut être remédié par l'administration de "calmants" appropriés[61]. »

Dans ce très bref tour d'horizon, nous pouvons déjà prendre conscience que la position de l'Église catholique au sujet de la douleur n'est pas univoque et qu'au-delà des prises de position d'un pape, les prélats semblent continuer d'en apprécier diversement le côté bénéfique et le côté nocif. Ce qui peut expliquer en partie pourquoi la lutte contre la douleur fit en France comme ailleurs l'objet de tant de réticences et mit autant de temps à s'imposer comme un impératif au moins humain et moral. On ajoutera que la culture médicale française, restée longtemps empreinte d'un catholicisme plutôt traditionnel, a conservé, même après que l'Église l'eut dénoncée, une certaine complaisance pour les souffrances des malades. C'est ce qui explique en grande partie le retard pris dans l'administration d'antalgiques par rapport aux pays anglo-saxons notamment[62].

Si l'Église ne fait désormais plus l'apologie de la souffrance, quel regard porte-t-elle sur sa place dans la dimension globale de l'homme ? Dans la lettre *Dolentium hominum*, Jean-Paul II considère que « la médecine et les soins thérapeutiques ont pour objectif non seulement le bien et la santé du corps, mais la personne comme telle, qui dans son corps est frappée par le mal. En effet, la maladie et la souffrance ne sont pas des expériences qui regardent seulement le substrat physique de l'homme, mais l'homme dans sa totalité et dans son unité somatique-spirituelle. On sait du reste comment parfois la maladie manifestée dans le corps trouve son origine et sa véritable cause dans les replis de la psyché humaine[63] ».

Dans sa lettre apostolique *Salvifici doloris*, Jean-Paul II reconnaît que les dimensions physique et morale sont intimement liées dans la souffrance : « L'Ancien Testament, traitant l'homme comme un "ensemble" psychophysique, associe souvent les souffrances "morales" à la douleur ressentie dans telle partie précise de l'organisme : les os, les reins, le foie, les entrailles, le cœur. On ne peut nier en effet que les souffrances morales ont aussi une composante "physique", ou somatique, et qu'elles affectent souvent l'état général de l'organisme[64]. » Dans la même lettre, le pape parle aussi du « monde de la souffrance humaine » pour en souligner la complexité et les multiples dimensions. Il souligne que la médecine découvre essentiellement la souffrance de l'homme par son aspect le plus connu, celui qui est combattu par la thérapeutique. Mais ce n'est qu'un aspect : « L'homme souffre de diverses manières qui ne sont pas toujours observées par la médecine, même dans ses branches les plus avancées. La souffrance est quelque chose d'encore plus ample que la maladie, de plus complexe et en même temps plus profondément enraciné dans l'humanité elle-même. »

L'Église catholique valide ainsi la notion de souffrance globale associée à la globalité de l'homme. Mais elle valide également l'existence de la souffrance spirituelle. Le pape affirme que l'élément spirituel de la souffrance est essentiel. Il insiste sur la nécessité de ne pas le confondre avec l'élément psychique : « Il s'agit en effet de la douleur de nature spirituelle, et pas seulement de la dimension psychique de la douleur qui accompagne la souffrance morale comme la souffrance physique. L'ampleur de la souffrance morale et la multiplicité de ses formes ne sont pas moindres que celles de la souffrance physique ; mais en même temps, il semble que la thérapeutique ait plus de mal à l'identifier et à l'atteindre[65]. »

Polémiques et enjeux sociétaux autour de la souffrance spirituelle

Dans le contexte laïque de la santé publique en revanche, l'hypothèse de la souffrance spirituelle est admise, on s'en doute, avec énormément de réserves. Elle a globalement fait l'objet d'une lente acculturation mais dans certains événements, comme le vote de la loi sur les soins palliatifs, elle a été beaucoup débattue sans faire cependant l'objet des clarifications nécessaires. Ces débats fournissent un éclairage très précieux sur les réticences que cette notion soulève dans le contexte culturel français tout au moins.

La construction des soins palliatifs en France a obéi à un lent processus. Elle est partie de l'initiative de quelques médecins et infirmières qui, révoltés devant les conditions de la fin de vie dans notre pays, sont allés, dans les années 1980, se former tantôt en Grande-Bretagne, tantôt au Québec. À leur retour, ils ont entrepris de faire bouger les frontières et les mentalités en insistant auprès des pouvoirs publics pour qu'ils entérinent leur démarche. Il s'est ensuivi quelques textes officiels (circulaire du ministère de la Santé de 1986, rapport Delbèque de 1993) qui ont pris acte du problème et des éléments de doctrine que les praticiens commençaient à élaborer. Ainsi la circulaire de 1986 reprend sans discussion les catégories de la souffrance globale retenues par le Dr Saunders. Dans un pays à la tradition si fortement laïque, on ne peut être que surpris de voir ainsi apparaître dans des textes officiels l'expression « souffrance spirituelle ».

L'avancée était telle qu'au moment de définir les soins palliatifs, les députés se sont abstenus plus tard de reprendre cette expression embarrassante en dépit du fait que les sénateurs, eux, l'avaient acceptée. C'est pourquoi la loi de 1999 définit les soins palliatifs comme des « soins actifs et continus, pratiqués par une équipe interdisciplinaire, en institution ou à domicile. Ils visent à soulager la douleur, à apaiser les souffrances psychiques, à sauvegarder la dignité de la personne malade et à soutenir son entourage » (article L-1.B). La notion de souffrance psychique était alors censée contenir plus ou moins la notion de souffrance spirituelle sans que cela soit dit explicitement. C'était là une manière de donner le change sans s'exposer, de différer le débat sans l'oblitérer totalement, un compromis mou et évidemment insuffisant.

L'analyse attentive des débats parlementaires fait d'ailleurs ressortir la confusion et l'inquiétude qui règnent autour de cette notion. Certains apparaissent d'ailleurs surréalistes. Ainsi Mme Marin-Moskovitz, rapporteur de la commission, déclarait-elle : « À titre personnel, je suis d'accord pour le terme "psychologique", mais le social et le spirituel relèvent de la sphère privée et il n'est pas opportun de les inscrire dans la loi[66]. » Elle était soutenue en cela par le secrétaire d'État à la Santé de l'époque, Bernard Kouchner, qui qualifia la remarque de « sagesse ». Malgré l'insistance de Mme Christine Boutin pour qui : « Il s'agit par le terme “spirituel” de s'assurer que les soins palliatifs prendront en compte toutes les religions qui impliquent des formes de respect du corps très variables », la proposition fut rejetée.

On s'étrangle presque d'entendre que le social relèverait de la sphère privée alors que le psychologique relèverait de la sphère publique, signe que la question du spirituel troublait considérablement les esprits au point que la résolution ne fut pas adoptée. Car, en réalité, c'était bien la question de l'inscription du « spirituel » dans le champ public qui faisait difficulté et inquiétait les députés. Certains avaient conscience du problème. Ainsi, le député Yves Bur qui insistait alors : « La mise en œuvre des soins palliatifs ne peut nous exonérer d'une réflexion sur l'accompagnement affectif, moral et spirituel, qui doit s'intégrer dans une prise en charge globale. S'il s'agit là d'une responsabilité première du cercle familial, celui-ci n'a pas toujours la capacité de l'assumer et un soutien doit lui être apporté[67]. » Toutefois, répondant plus à des impératifs de prudence que de « sagesse », la loi préféra retenir l'expression « souffrance psychique » qui ne faisait pas débat mais entretenait cependant un flou artistique et ne clarifiait rien.

On notera qu'une circulaire administrative postérieure à la loi valide pourtant sans état d'âme l'expression épineuse de « souffrance spirituelle ». Il s'agit de la circulaire du 19 février 2002 qui, tout en reprenant la définition exacte de la loi, en pose les conditions d'application de la manière suivante : les soins palliatifs « améliorent ainsi la qualité de la vie, en luttant contre les symptômes physiques et en apportant un soutien psychologique, spirituel et social aux patients et à leurs proches. Tous les professionnels de santé, travaillant en équipe interdisciplinaire et en lien avec des professionnels formés spécifiquement, sont concernés par cette démarche[68] ».

Il peut être très éclairant d'essayer de comprendre les raisons d'une telle polémique.

En première lecture, on pourrait penser qu'il y a là une querelle politique classique de type gauche-droite, mais l'unanimité exceptionnelle recueillie lors du vote à la Chambre haute puis à l'Assemblée nationale invalide cette hypothèse. Il faut chercher ailleurs.

Serait-ce une opposition gauche sociale contre droite chrétienne ? À l'évidence non plus puisque Mme Marin-Moskovitz, rapporteur du projet, est en effet une chrétienne engagée qui fut membre de la JOC (Jeunesse ouvrière chrétienne) et de la CFTC (Confédération française des travailleurs chrétiens). C'est pourtant elle qui tranchera la question de la définition des soins palliatifs avec l'appui de Bernard Kouchner.

N'y aurait-il pas alors dans ce débat l'illustration d'une confrontation entre deux projets divergents concernant les soins palliatifs ? D'un côté, un projet social et politique, c'est-à-dire *centré sur la société*, dont la finalité serait de désigner une « bonne mort » devenant *la* doctrine, socialement tranquille, du « bien mourir »[69]. L'approche en seulement deux dimensions, physique et psychique, de la souffrance me paraît correspondre, de manière très consensuelle, à cette visée : faire cesser la souffrance visible pour faire cesser le trouble public. C'est le projet a minima de l'Assemblée nationale. De l'autre côté, un projet thérapeutique, *centré sur les besoins individuels* du mourant, porté par les accompagnants pour lesquels la mort n'est jamais « bonne », le mourir toujours complexe et impossible à circonscrire à des aspects parcellaires. C'est le *projet global* de la SFAP porté par le Sénat. M. Kouchner, à la fois médecin et politicien, semblait vouloir avancer simultanément sur ces deux voies. Au début des débats, il était volontiers lyrique : « Ce texte est important parce qu'il y va de l'humanité de notre société. [...] Chez nous, l'humanité s'est retirée de la mort. [...] La civilisation commence lorsque l'homme comprend qu'il est mortel. Ne faisons pas semblant de ne plus savoir. [...] Puisque la famille ne joue plus un rôle aussi fort, c'est d'abord à nous, par la loi, de l'aider[70]. » Plus tard il qualifia de « sagesse » le fait de réserver la dimension sociale et spirituelle à la sphère privée et de l'exclure du texte de la loi. Au nom de cette « sagesse », dont on peut se demander si elle ne consistait pas à attendre opportunément le moment où la société serait culturellement prête, l'Assemblée nationale glissait sur cette question épineuse de la souffrance spirituelle, et de ses incidences sociales et politiques.

L'opposition ne serait-elle pas alors plus idéologique, portant sur la question de la laïcité ? Les clivages ne seraient-ils pas plutôt liés à une conception, non partagée même entre chrétiens, de la place privée ou publique des croyances personnelles ? Car s'il ne s'agissait que d'une simple distinction civile entre sphère privée et sphère publique, alors pourquoi l'accompagnement psychologique n'a-t-il fait l'objet d'aucun débat et a-t-il été si indiscutablement validé ? La souffrance psychologique est pourtant une souffrance de nature très privée et personnelle, qu'il est en pratique loin d'être aisé de distinguer de la souffrance de nature spirituelle*. Mais aujourd'hui, dans l'esprit commun et sur la scène publique, la psychologie privée tend à s'exhiber, à se publiciser, et finalement il ne choque personne que les pouvoirs publics puissent intervenir dans le domaine psychologique qui est pourtant un des plus intimes qui soient. Il est aujourd'hui socialement assez bien admis que la psychologie doit être prise en compte de manière officielle (en particulier à la suite d'accidents, d'attentats ou de traumatismes surgis dans le champ collectif).

* Nous verrons quelques éléments de distinction dans le chap. IV, « Approches du spirituel ».

Culturellement, l'importance de la psychologie dans la santé d'un individu est maintenant bien reconnue ; on pourrait peut-être un jour envisager que la Sécurité sociale rembourse en partie les consultations auprès d'un psychologue ou d'un psychothérapeute sans que cela soulève un tollé de principe (mais peut-être quelques difficultés économiques...). En matière spirituelle, les réactions sont autrement plus épidermiques... La spiritualité demeure aujourd'hui extrêmement confinée au domaine privé.

Au-delà des clivages politiques, par-delà les croyances religieuses, on peut donc se demander si ce n'est pas là une conception de la laïcité et de la place des croyances personnelles qui se cherche. On peut se demander si ce n'est pas une certaine idée de la République française, avec toute sa profondeur d'histoire, qui s'exprime à travers cette épineuse question.

La prochaine perspective politique (au sens d'« organisation de la cité ») me semble donc être de parvenir à une reconnaissance publique de la notion d'une « souffrance globale » véritablement globale, à laquelle nous invitent les malades eux-mêmes. Pour cela, il sera nécessaire de mettre en évidence que, si laïcité et religion peuvent, aux yeux de certains, s'opposer comme modèles sociaux, laïcité (comme ciment collectif du « vivre ensemble ») et spiritualité (comme aspect de la santé globale d'un individu) peuvent au contraire, aux yeux de tous ou presque, *se compléter sans s'exclure.*

Pour logiques et satisfaisants que soient ces raisonnements théoriques, et pour importants que soient ces sujets de société, ils ne doivent cependant s'élaborer ni se résoudre seulement dans les alcôves des palais de la République. La question de la souffrance spirituelle est d'abord une question qui doit être vérifiée et validée sur le terrain, au plus près des personnes et en particulier des malades qui, mieux que d'autres, peuvent aider à en repérer les causes, les symptômes et les conséquences.

Qu'en disent les professionnels ?

On soulignera d'abord que, se distinguant des termes exacts de la loi, l'ensemble de la doctrine en matière palliative s'accorde à valider la notion de souffrance spirituelle : la SFAP bien entendu puisqu'elle est la première à l'avoir défendue, mais également la doctrine administrative du ministère de la Santé[71], celle du Comité consultatif national d'éthique[72], ou encore la doctrine des différentes associations laïques – ASP (Association pour le développement des soins palliatifs), JALMALV (Jusqu'à la mort accompagner la vie), Alliance, Albatros… Il faut noter que ces instances valident cette notion sans pour autant trop s'aventurer à la définir. L'Ordre des médecins en revanche ne la reprend pas à son compte. Les commentaires de l'article 38 du « Code de déontologie médicale » de

1995 proposent au fond de réduire l'approche globale à deux dimensions : la douleur qui est physique et la souffrance qui est psychique[73]. On voit bien là encore ce que le terme « psychique » a d'imprécis et comment son emploi générique peut, dans certains cas, s'avérer confortable. On peut y loger selon le contexte bien des aspects de nature différente. On y voit aussi que si le terrain de la douleur est plutôt bien identifié, celui de la part de la souffrance qui échappe à la médication est particulièrement mal appréhendé, y compris par les médecins qui sont pourtant en première ligne de la fin de vie.

Si on regarde dans les ouvrages, on note que le *Manuel de soins palliatifs*[74], ouvrage de référence à destination du personnel soignant, consacre 34 pages sur 774 (5 %) aux aspects spécifiquement spirituels de la fin de vie et de son accompagnement, ce qui en fait une question encore accessoire mais déjà significative, et que ce thème est aussi abordé de manière incidente dans les autres chapitres. Les revues des associations de soins palliatifs JALMALV et ASP y ont déjà consacré plusieurs numéros et articles.

Chez les soignants aussi, on note que la recherche de terrain s'éveille et s'anime autour de cette question mal cernée, peu traitée, qui faisait assez sporadiquement il y a quelques années l'objet d'articles, souvent subjectifs, mais qui prend une place croissante et de plus en plus centrale dans la réflexion sur les soins palliatifs et l'accompagnement. Le Dr Rougeron fut un des premiers soignants à consacrer une thèse de sciences biologiques et médicales spécifiquement à ce sujet en 1999[75] ; il y considérait que « la notion de besoin spirituel engendre celle de souffrance spirituelle ». En 2006, c'est le Dr Echard qui, dans la foulée de sa thèse de médecine, publiait un ouvrage fouillé sur cette question : *La Souffrance spirituelle du patient en fin de vie*[76]. En 2007, les praticiens de soins palliatifs ont eux-mêmes audacieusement choisi de consacrer leur dix-septième congrès annuel (plus de deux mille participants) au thème « Compétence clinique et dimension spirituelle : l'homme au cœur des soins ». À cette occasion, le Dr Burucoa proposait de définir la souffrance spirituelle autour de deux complexes, le « complexe du néant » et le « complexe de l'absurde », ce qui lui conférerait une double dimension : existentielle et essentielle. Le Pr Schaerer préférait pour sa part parler de « chemin spirituel » et même de « travail spirituel » plutôt que de « souffrance spirituelle » pour caractériser l'expérience des personnes en fin de vie. On soulignera toutefois qu'il y a des questions spirituelles qui, en temps normal, en l'absence de circonstance pressante, traversent l'être humain sans drame particulier, et d'autres qui, du fait de la maladie et de la perspective de la mort, prennent soudain une tout autre intensité et engagent dans un « travail » qui peut parfois constituer une souffrance. En 2010, Dominique Jacquemin et Danièle Leboul publiaient « Spiritualité : interpellation et enjeux pour le soin et la médecine[77] » et en 2012 les éditions Lumen

Vitae ouvraient une nouvelle collection intitulée « Soins et spiritualités ». On constate par la diversité et l'abondance de ces explorations que le corps médical même s'empare désormais de cette question.

Alors, aux yeux des professionnels, la souffrance spirituelle est-elle une hypothèse ou une réalité ? Signalons d'abord que, pour logique qu'elle soit, il n'est toujours pas si évident qu'elle existe en tant que telle. Une majorité d'accompagnants estiment n'y avoir jamais été confrontés : ils répondent qu'ils reçoivent peu de demandes d'ordre religieux dans la mesure où elles sont généralement adressées aux aumôneries (en pratique, celles-ci sont pourtant de moins en moins sollicitées).

Sur ces questions, la France présente un retard conséquent par rapport aux pays anglo-saxons ou de culture proche qui consacrent des efforts de recherche universitaire à cette question depuis plus de dix ans. Aux États-Unis, pays pragmatique à la laïcité plus souple qu'en France, les universités de Duke, de Madison, du Wisconsin, de l'Ohio, de Princeton, de Harvard, etc., accueillent des programmes de recherche sur les liens entre santé et spiritualité. « Aujourd'hui nous nous trouvons dans un moment unique historiquement où l'on voit des chercheurs mener des essais en double aveugle sur la prière, des ministres du culte parler du cerveau et du système immunitaire du haut de leur chaire, des moines méditer à l'intérieur de machines dédiées à l'imagerie cérébrale, et des études sur les effets placebo ainsi que des discussions sur les prédispositions à l'attitude positive à propos de la science des guérisons miracles », souligne le Pr Anne Harrington de Harvard[78]. Il en existe aussi en Grande-Bretagne (Imperial College de Londres) et au Canada (université de Calgary). En 2003, l'université Laval du Québec créait la première chaire universitaire du monde francophone intitulée « Religion, spiritualité, santé ».

En France, rien de tel en dehors de l'expérience plutôt téméraire et encore isolée qui a consisté à créer en janvier 2005 une « unité de soins spirituels et d'onco-psychologie » à l'hôpital de La Timone à Marseille. Ce sujet demeure hautement suspect et rien ne vient véritablement en stimuler l'exploration. On observe toutefois depuis peu un léger frémissement. Ainsi l'INPES a consacré en mars 2010 un numéro de sa revue *La Santé de l'homme* à la question « Quels liens entre la religion et la santé ? » et *Le Monde des religions* son numéro de juillet 2012 au thème « Les chemins de la guérison : la foi aide-t-elle à guérir ? ».

Il y a donc bien un intérêt croissant pour la question de la souffrance spirituelle. Le fait que cette question émerge peu lors d'accompagnements ne tiendrait-il pas d'abord à une difficulté à reconnaître la souffrance spirituelle en raison de la confusion qui persiste avec d'autres notions proches ? Un travail de définition s'avère donc urgent et indispensable.

IV.

Approches du spirituel

Pour mieux cerner la notion de souffrance spirituelle, il faut tenter de la détourer précautionneusement en débroussaillant le maquis de notions apparentées qui l'enserrent. Une distinction formelle entre le spirituel et d'autres notions proches, telles que la philosophie, la psychologie, mais plus encore la religion, s'impose donc. Ce travail de discernement doit permettre de sortir le spirituel de ces notions qui parfois le piègent, pour porter sur lui un regard plus universel et moins particulier.

La définition du mot « spirituel », selon le *Littré*, est la suivante : « Ce qui concerne l'esprit, l'âme, les relations avec le divin (par opposition à "matériel") : l'âme, principe spirituel de l'être. Ce qui concerne la religion, l'église (par opposition à "temporel") ; père spirituel : guide de conscience. Ce qui concerne les réalités, les convictions d'ordre moral ; valeurs spirituelles : ensemble de croyances, de principes moraux qui unissent les membres d'une collectivité. » Elle est complétée à titre indicatif par les applications suivantes : « vie spirituelle ou vie intérieure » ; « médecins spirituels, guides spirituels, pères spirituels, les confesseurs, les directeurs » ; « le pouvoir spirituel », etc.

Un travail plus fin de définition du spirituel s'impose alors. Il est difficile de définir ce qui est spirituel ; il est plus aisé de définir ce qui ne l'est pas. On peut donc l'approcher *négativement*, comme le fait le *Littré*, par confrontation – par opposition – avec une autre notion, comme tout ce qui n'est pas… ; et, de confrontation en confrontation, on peut peut-être le circonscrire de moins en moins mal. Mais le spirituel c'est aussi *positivement* tout ce qui peut être cela (la religion, la croyance, l'humanisme…) mais ne se réduit pas à cela, tout ce qui peut éventuellement prendre la forme de mais ne se résume pas à. Une mise en garde s'impose : la vie spirituelle est rebelle aux développements théoriques. L'expérience spirituelle n'est peut-être pas là où nous l'attendons. La caractéristique essentielle du spirituel semble d'être multiforme, changeant et mystérieux, donc de ne pouvoir être appréhendé ni objectivement ni totalement. Il est même possible que le phénomène spirituel échappe *par nature* à l'analyse scientifique qui ne sait bien étudier que ce qui est exactement reproductible dans les mêmes conditions*.

* Ce qui n'empêche pas désormais, comme on vient de le voir, de plus en plus de chercheurs, surtout anglo-saxons, de l'étudier dans le cadre de programmes de recherche sur la santé. Leur observation clinique porte encore essentiellement sur les effets physiologiques de la pratique de la méditation ou de la prière.

Or peut-on reproduire à l'identique le phénomène spirituel ? Puisqu'il n'est pas sûr que le spirituel puisse être saisi, on en est donc réduit à tenter de l'approcher...

Spirituel et matière

Ainsi le spirituel d'abord « concerne l'esprit, l'âme, les relations avec le divin ». « Spirituel » provient du latin *spiritus* qui signifie exactement « souffle, respiration », cet élément qui fait de l'homme un être vivant, animé (c'est-à-dire littéralement possédant une âme, *anima* en latin).

Si on oppose le spirituel à la matière, alors le spirituel se définit négativement comme « tout ce qui n'est pas tangible, palpable ». Selon le *Grand Dictionnaire universel* de Pierre Larousse du XIXe siècle, « l'esprit serait une substance incorporelle et consciente d'elle-même ». Par opposition à la matière, le spirituel peut aussi se définir comme tout ce qui « n'a pas de corps (par opposition à sensuel, charnel, corporel) » (*Littré*). La matière est cette « substance qui constitue les corps » (*Le Robert*). Cela renvoie à des questions qui demeurent en suspens depuis la nuit des temps : la mort du corps entraîne-t-elle la mort de tout ce qui constitue un être humain ? Avec la disparition du corps, ne reste-t-il rien ? L'être humain se réduit-il à son enveloppe charnelle ? Matière et esprit s'opposent-ils absolument ? Cette dernière question ne semble pas très tranchée.

Selon l'épître aux Galates : « La chair convoite contre l'esprit, et l'esprit contre la chair ; il y a entre eux antagonisme » (5, 17). Mais le pape Benoît XVI considère aussi que « ce n'est pas seulement l'esprit ou le corps qui aime : c'est l'homme, la personne qui aime comme créature unifiée, dont font partie le corps et l'âme*. [...] La foi chrétienne a toujours considéré l'homme comme un être un et duel, dans lequel esprit et matière s'interpénètrent l'un l'autre et font ainsi tous deux l'expérience d'une nouvelle noblesse[79] ».

La question semble donc se poser plus en termes de complémentarité qu'en termes d'opposition stricte, plus en termes d'union que de dissociation, plus en termes d'entremêlement (symbiose) que de juxtaposition : spirituel et matière seraient l'un *dans* l'autre, et non l'un à côté de l'autre, ni même l'un au-dessus de l'autre. Ainsi on peut considérer que la matière (en particulier le corps) est le réceptacle du spirituel, sa demeure. Symétriquement, le spirituel est une des qualités, et non la substance de la matière. Il en serait le parfum, voire l'essence...

Si on peut affirmer que le spirituel n'est pas matière, à l'inverse, on ne peut affirmer que ce qui n'est pas matière est spirituel. Nous tenons là un concept trop large, recouvrant trop d'éléments disparates pour être utilement manipulé. Ainsi, on peut être tenté d'opposer

* Dans ce commentaire, l'Église semble d'ailleurs assimiler l'âme et l'esprit.

le spirituel au visible, mais cela conduit à englober dans le spirituel tout ce qui est invisible, de la psychologie au spiritisme. Peut-être peut-on avancer que tout ce qui est spirituel est invisible (et encore...), mais il est certain que l'inverse (tout ce qui est invisible est spirituel) ne saurait être vrai. Il suffit de penser en astrophysique aux neutrinos pour mesurer qu'il existe peut-être un champ intermédiaire où existent des particules a priori sans matière et invisibles qu'il serait pourtant abusif de définir comme spirituelles. De la même manière, peut-on considérer que les rayons X, invisibles *à nos yeux*, sont spirituels ?

La notion de spirituel semble nous inviter à dépasser les clivages binaires classiques (du type avant/après ou même matière/esprit) qui, s'ils sont utiles pour se représenter schématiquement le réel, ne le traduisent cependant pas fidèlement. Dans le même ordre d'idées, les récentes découvertes biologiques viennent dissoudre les clivages autour de la notion d'*état* (l'opposition binaire entre être vivant et être mort) au profit de celle de *processus*, de transition (être *en train de mourir*). Le biologiste Jean-Claude Ameisen note que « l'opposition entre la vie et la mort est pour nous si "naturelle" et pour les biologistes si évidente qu'il aura fallu des siècles pour la remettre en question[80] ». Spécialiste du « suicide cellulaire », il observe dans son microscope que « la vie ne se laisse pas aisément séparer de la mort, elle en est habitée » et que « nous sommes à tout moment pour partie en train de mourir et pour partie en train de renaître ».

Ainsi, il n'y a plus de point de rupture, conceptuellement confortable ; seulement des *moments d'observation.* La notion qui de plus en plus s'impose est celle de la *continuité.* Ce n'est plus l'espace (et son lot de matière) que l'on observe, c'est le temps (et sa substantielle immatérialité !). Ce thème est d'ailleurs repris dans la tendance actuelle à préférer parler de « soins continus », où se mêlent sans frontière stricte soins curatifs et soins palliatifs. La notion de continuité pose alors des problèmes presque insolubles de délimitation des champs et des concepts, et contrarie l'analyse scientifique. L'être humain est par nature ce *liant*, ce lieu des unions, des fusions, des associations, des entrelacs de composantes en constante recomposition, qu'il est de son vivant quasiment impossible de séparer : il semble qu'il faille attendre qu'il cesse d'être un être humain et soit devenu un cadavre pour que, observant cette matière désormais inerte, on puisse constater que quelque chose manque qui participait directement de la vie, et que ce quelque chose était peut-être l'élément « spirituel ».

Il est toujours troublant de constater la grande difficulté que l'on peut avoir à retrouver derrière le visage d'un mort la personne vivante qu'on connaissait si bien. Quelque chose (son esprit, son âme, son « être » ?) manque désormais, ce quelque chose qui constitue *subtilement* la personne et l'impression qu'elle laisse autour d'elle. Dans les premiers instants de la mort, si la personne demeure encore identique dans ses traits physiques, elle se révèle pourtant déjà quelque part différente, et c'est cette subtile différence, tenant à ce manque intangible, qui semble empêcher de la retrouver pleinement sous ses traits inertes.

Esprit et matière ne semblent donc pas devoir s'opposer tels quels, dans une vision binaire qui rend mal compte des nuances du réel. Esprit et matière semblent plutôt pouvoir être définis respectivement comme l'aspect solide et l'aspect subtil du réel, voire comme la partie « être » et la partie « faire » d'une même réalité pour se rapprocher de notions qui sont courantes dans les soins palliatifs. La matière serait diversement habitée par le spirituel, ce qui pourrait justifier qu'on parle tantôt de matière inerte, tantôt de matière animée selon son absence ou sa présence. Finalement, la question du spirituel n'est peut-être pas tant une question de nature qu'une *question de degré*. Il serait peut-être plus approprié de parler de degré de spirituel dans la matière, c'est-à-dire de matière plus ou moins spiritualisée. Comme il existe des fleurs sans parfum, il en existe d'autres avec un florilège de variations, et ce sont celles que l'on préfère habituellement.

Opposer le spirituel à la matière peut représenter une première clé. Mais c'est une clé trop grossière car définir négativement le spirituel comme ce qui n'est pas matière (tangible, palpable) peut conduire, par extension, à qualifier, par exemple, le psychologique de spirituel, ce qui n'est pas vraiment satisfaisant !

Spirituel et psychisme (ou psychologie)

Le soutien psychologique tient une place désormais déterminante en cas de crise sévère et particulièrement en fin de vie puisque aujourd'hui, ainsi que le dit Danièle Hervieu-Léger, « c'est l'individu et ses émotions qui occupent le centre de la scène contemporaine du mourir[81] ». Face aux crises personnelles, la réponse sociale et professionnelle à l'heure actuelle est immédiatement psychologique. Le psychologue et le psychanalyste sont devenus les spécialistes incontournables de la gestion des crises impliquant le psychisme. En pratique, il est extrêmement délicat de faire la part entre ce qui relève du psychologique et mobilise les compétences scientifiques et professionnelles correspondantes, et ce qui relèverait du spirituel, mobilisant alors quelles compétences ? Comment distinguer ce qui relève de la blessure narcissique antérieure que la maladie peut venir réveiller subitement, du traumatisme qui apparaît sous l'effet de l'annonce ou du traitement de la maladie, et ce qui relève de l'interrogation, voire de la souffrance spirituelle, c'est-à-dire plus largement de la question du sens de l'existence ? On mesure l'extrême complexité de la question. Il y a là un espace particulièrement étroit qui laisse à penser que les deux se chevauchent inévitablement et que le psychologue est fatalement amené à intervenir, plus ou moins à la marge, dans le champ spirituel, et que celui qui serait identifié comme le spécialiste du spirituel serait symétriquement amené à intervenir, plus ou moins à la marge, dans le champ du psychologique. C'est la complexité induite par ces entrelacs et ces chevauchements qui m'a d'ailleurs conduit à penser les choses autrement que sous la forme d'une simple juxtaposition des domaines et d'un partage des compétences, ainsi qu'on le verra plus loin.

Les mots « psychisme » et « psychologie » proviennent du mot grec *psukhê* qu'on traduit souvent par « âme » (*anima* en latin). D'emblée, on mesure la très grande proximité entre le psychisme (*psukhê*), l'âme (*anima*) et le spirituel (*spiritus*) ; on devine aussi les difficultés pour les distinguer.

Soulignons d'emblée que ce n'est pas parce que l'esprit et l'âme relèvent tous deux du monde des choses immatérielles qu'ils devraient être confondus. Cette regrettable confusion provient en partie d'une certaine lecture du texte de la Genèse censé nous éclairer sur la nature de l'homme : « Dieu modela l'homme avec la glaise du sol, il insuffla dans ses narines une haleine de vie et l'homme devint un être vivant » (2, 7). De ce texte, on a hâtivement déduit que l'homme, « être vivant », est un être binaire composé d'éléments matériels (glaise) et d'éléments immatériels (souffle). Pour ce qui concerne le registre immatériel, ce texte établit certes un lien entre le souffle-haleine (*spiritus* en latin, *pneuma* en grec, *ruah* en hébreu) et le fait d'être vivant, assimilé à l'âme (*anima, psukhê, nefesh*). Mais ce texte ne dit pas, contrairement à des lectures persistantes, que le souffle et l'âme s'équivalent. Il dit plus subtilement que l'âme a surgi du souffle, qu'elle en est la conséquence. En toute rigueur, il signifie que l'âme se distingue du souffle. Il introduit une représentation ternaire corps-âme-souffle qui oblige à dépasser le clivage binaire matière/esprit. Il y a donc, autour de l'idée de spirituel, une première confusion, d'ordre théologique, entre les notions d'âme et d'esprit.

Mais il y en a une autre, celle-ci d'ordre sémantique. La transposition latine du mot *psukhê* s'est non seulement opérée via le concept d'*anima*, mais également via celui de *mens* (malheureusement traduit par « esprit ») qui a donné le mot « mental », et par extension tout ce qui relève de la pensée. C'est ainsi qu'on qualifie de « spirituel » quelqu'un qui a une grande finesse mentale, qui fait preuve d'humour par exemple. Dans le langage courant, « psychisme » en est ainsi venu à signifier également « ce qui concerne l'esprit, la pensée » (*Le Robert*), mais il a beaucoup perdu de sa dimension transcendantale initiale. Pour les Grecs en effet, le *psukhê* était par nature lié à l'ordre des dieux : Psyché était à ce titre la déesse grecque de l'âme, épouse d'Éros.

Cette polysémie de « spirituel » (*spiritus* et *mens*) est largement à l'origine des confusions autour de ce mot. Entendu comme *mens*, le spirituel est certainement très proche du psychisme. Entendu comme *spiritus*, il s'en distingue davantage. C'est en s'appuyant sur l'idée d'un « homme tridimensionnel » que le chercheur Michel Fromaget s'est attaché à distinguer le spirituel du psychique[82]. Il relève que les conceptions dualistes de l'homme (corps et esprit) ne permettent pas de distinguer le psychisme du spirituel. Seule une « anthropologie ternaire » peut permettre de distinguer ce qui est de l'ordre du psychisme ou du mental, et ce qui est de l'ordre du spirituel. « Quelle est, au-delà du corps et de la psyché, cette troisième dimension de l'être, si nécessaire à l'accomplissement de l'homme, et dont l'oubli, selon le mot de Zundel, inéluctablement fait de la mort un gouffre ? » s'interroge-t-il[83]. Il finit donc par poser que spirituel et psychisme sont ontologiquement différents par nature : « L'esprit diffère autant du mental que le mental diffère du corps », mais pour lui, « le monde spirituel n'est en aucun cas un "au-delà", un "autre monde" que celui dont l'âme et le corps donnent une première intelligence. Il est le même monde mais *perçu* et *vécu à une autre profondeur* »[84], grâce au sens spécifique au monde du spirituel : la contemplation.

Théoriquement, il faut donc, en toute rigueur, distinguer ce qui relève de l'âme, qui n'est spirituel que par confusion avec le mental et qui serait du domaine du psychique, de ce qui relève de l'esprit (souffle) et qui serait véritablement du domaine du spirituel. Un critère simple de distinction peut être avancé pour compléter cet effort de différenciation. On peut considérer que la psychologie est davantage tournée vers le passé (approche rétrospective) en cherchant à identifier dans le passé d'un individu des causes permettant de comprendre ses fonctionnements ou dysfonctionnements présents. À l'inverse, les approches spirituelles sont davantage tournées vers l'avenir (approche prospective), cherchant à éclairer l'homme sur sa nature profonde et ce qu'il est appelé à devenir (ou à prendre conscience de qui il est) à la fois en tant qu'espèce et en tant qu'individu. Là où la psychologie prend appui sur le déjà vu (éventuellement sur le refoulé), le spirituel s'abandonne dans le jamais vu. Ces deux approches ont cependant en commun de promouvoir une forte attention au présent.

Spirituel et philosophie

On peut chercher aussi à confronter la notion de spirituel à la question philosophique du sens, hors de tout cadre religieux. Le spirituel et la philosophie se rejoignent aisément autour de la question existentielle. Cicely Saunders constatait déjà que l'absence de sens d'une existence perpétue la souffrance spirituelle. Le biologiste Bernard-Marie Dupont s'interroge : « La médecine nous apprend-elle quelque chose du mourir humain ? Force est de constater que l'impensable et l'indicible demeurent. [...] La mort humaine est aussi une mort existentielle, pas seulement biologique. [...] À l'interrogation biologique et chiffrée doit s'ajouter l'interrogation philosophique, la quête de sens de cette vie qui s'achève[85]. »

La mort est-elle un non-sens ? On peut se le demander quand on observe la réaction naturelle et quasi systématique de déni qui surgit suite à l'annonce d'un diagnostic terminal. On peut penser que face à la mort, le malade éprouve un besoin de sens qui pourrait peut-être soulager sa souffrance. Souvent la désespérance surgit de la confrontation à un événement auquel on ne trouve pas de sens, mais on observe que ce n'est pas toujours le cas, pas nécessairement. Certains malades s'éteignent en ignorant ou en évitant ces questions (ce qui peut être aussi une certaine manière de leur reconnaître une réalité). La mort est une ultime interpellation à considérer la question du sens, elle n'est pas pourtant une obligation à le faire. Il est toujours possible de refuser ce chemin du sens et de refouler cette question. La mort n'est peut-être pas tant un non-sens, un insensé, qu'un *impensé* qui attend d'être comblé. Donner un sens, *choisir le sens* que l'on peut donner à un événement est un chemin personnel sur lequel il n'est cependant pas exclu d'être accompagné.

Qu'elle soit affrontée ou refoulée, face à la souffrance et tout particulièrement celle qui surgit en fin de vie, la question du sens se trouve inévitablement réactivée. Mais elle demeure toujours à l'état de question. Elle n'appelle pas à lutter contre la souffrance, à trouver un remède, mais d'abord à comprendre pourquoi la souffrance est là. Elle se décline communément soit autour de la *cause* de la souffrance (d'où vient-elle ?), soit autour de sa *raison d'être* (à quoi sert-elle ?).

Il me semble que la psychologie tente surtout de répondre à la question de la cause de la souffrance (pourquoi) et peu à celle de son sens (pour quoi), alors que c'est plutôt l'inverse pour la philosophie. Mais dans ce champ du sens, on peut encore distinguer les questions relatives à l'existence – qui reviennent tôt ou tard à des questions subjectives (chacun voulant trouver le sens de *son* existence) – et les questions relatives à l'essence – qui sont plutôt des questions concernant la condition humaine (quel est le sens de l'homme ?) Or on observe à l'heure actuelle un certain glissement de la philosophie qui, en s'intéressant de manière de plus en plus marquée à des questions très subjectives comme « Comment réussir sa vie ? », trahit, sur fond d'individualisme, une préférence pour l'individu confinant parfois à la psychologie. Dit autrement, il me semble que la philosophie s'intéresse aujourd'hui plus à l'âme qu'à l'esprit, plus à l'individu qu'à ce qui le dépasse, et qu'en cela, elle devient de moins en moins spirituelle. La question du sens est fondamentalement une question d'ordre philosophique ; elle n'est pas nécessairement une question d'ordre spirituel. La question du spirituel me semble être plus large que celle du sens étudiée par la philosophie.

Ajoutons encore que la *philo-sofia* (amour de la sagesse) prend aujourd'hui considérablement plus la forme d'un savoir, d'une réflexion, d'un discours que d'une pratique. Elle est devenue le fait de professionnels, dûment formés, chercheurs patentés. La dimension théorique l'a nettement emporté sur la dimension pratique et l'époque contemporaine ne porte d'ailleurs pas beaucoup d'estime aux amateurs (littéralement « qui aiment ») de la philosophie, à ceux qui tentent de la mettre modestement en pratique, à ceux qui l'explorent d'abord par l'expérience. En cela, la philosophie se distingue également de plus en plus du spirituel, qui continue de revêtir une dimension pratique déterminante.

Notons enfin qu'au sein d'un même champ, certaines approches peuvent apparaître comme spirituelles et d'autres pas : de même qu'en psychanalyse le courant jungien se donne à voir comme plus spirituel que le courant freudien, de même en philosophie le bouddhisme ou le stoïcisme se donnent à voir comme plus spirituels que le nihilisme. On perçoit bien ainsi que le spirituel ne serait pas une voie en soi qui se comparerait à d'autres voies, mais peut-être davantage la *qualité* d'une voie.

Spirituel et religion

C'est surtout à l'égard du religieux qu'il importe de distinguer le spirituel de sorte que l'accompagnement de la souffrance spirituelle ne se réduise pas seulement à la désignation et à l'intervention d'un ministre du culte, comme c'est le cas aujourd'hui, en l'absence de représentation plus fine sur cette question.

La principale confusion autour de la notion de spirituel concerne son intrication avec la notion de religieux. Dans le sens commun, il y a un amalgame culturel – et donc réflexe – entre le religieux et le spirituel, entre la religion et les spiritualités. Historiquement en effet, les deux notions ont été totalement assimilées. En France, pendant des siècles, c'est l'Église catholique qui a été l'unique vecteur du spirituel, et les hérésies étaient sévèrement réprimées. Il était inenvisageable de dissocier l'un de l'autre. Il faut attendre la Réforme pour que puissent véritablement exister deux religions, deux vecteurs distincts quoique proches, malgré la violence de leur adversité, du spirituel. Il faut attendre ensuite le XXe siècle, la séparation de l'Église et de l'État, la poussée de l'individualisme, l'appel et l'accueil de l'Orient spirituel dans l'Occident déchristianisé et matérialiste, pour voir émerger à grande échelle du spirituel qui ne se confonde pas avec du religieux chrétien, pour que se multiplient les « compositions spirituelles* », souvent personnelles et parfois osées. La société contemporaine, et notamment la sécularisation, favorise désormais ce discernement entre religieux et spirituel.

Le mot « religion » est ambigu : il décrit à la fois une

* Certains sociologues des religions parlent de « bricolages spirituels ». Il me semble préférable de parler de « compositions spirituelles », expression qui évoque plus « Interflora » que « Castorama », quelque chose d'assurément plus poétique et moins brinquebalant.

réalité institutionnelle et une réalité existentielle, le plus souvent à forte visée eschatologique. L'aspect institutionnel et organisationnel ne nous retiendra pas ici, ce n'est pas l'objet de cette étude. Les confusions existent cependant. Ainsi en politique, l'un et l'autre aspects sont souvent assimilés : on parle alternativement de « pouvoir religieux » ou « spirituel ». Mais ce qui nous intéresse ici en tant que religion, ce n'est pas tant l'institution que le message (religieux ou « spirituel ») porté par une institution (religieuse, et non « spirituelle »).

Le Dr Donnars considère que « le mot "spirituel" se trouve incontestablement piégé par le religieux ; or il s'en différencie grandement ; même un athée ou un agnostique ont des besoins spirituels. Ceux-ci s'aiguisent et s'exaspèrent d'autant que l'on est proche de la mort. Seulement les athées ne vont pas les nommer ; ils vont les sentir ; car contrairement à ce que l'on pourrait penser, les croyants n'ont pas le monopole de la spiritualité[86] ». Le Dr Burucoa insiste à son tour pour ne pas confondre besoin spirituel et besoin religieux ou confessionnel : « Tout être humain souffre ou va être amené à souffrir existentiellement, avec ses symboles, avec ses mythes, croyances, et pas forcément dans un cadre religieux[87]. » Ainsi que l'a montré le chercheur québécois Guy Jobin, la biomédecine cherche aujourd'hui à définir le spirituel d'une manière propre, sans prendre appui sur l'abondance des ressources de la théologie, comme si le champ du soin justifiait une approche originale, comme si le spirituel avait dans ce champ un contenu et une dimension propres[88].

Une psychologue me confiait encore que « tout être humain a le sens de l'au-delà, mais ce n'est pas nécessairement un au-delà dans le temps. Ce sens de l'au-delà, je l'ai rencontré chez tout le monde ; je ne connais personne qui ne l'ait pas ». Il peut s'agir d'un au-delà extériorisé – comme c'est le cas dans la plupart des religions, avec la représentation d'un Dieu créateur, en dehors, avec lequel l'homme entretient un lien de filiation et de soumission ; un être qui serait aussi l'origine mais aussi le but de l'expérience humaine. Mais il peut aussi s'agir d'un au-delà intériorisé, cet « au-delà qui est au-dedans » selon l'expression du théologien Maurice Zundel[89].

Les sociologues observent que la mutation sociale actuelle est caractérisée par une « sortie de la religion[90] » et d'une montée concomitante du spirituel à travers l'éclosion de nouvelles spiritualités[91]. C'est un constat que fait également le Pr Raymond Lemieux qui a créé la chaire « Religion spiritualité et santé » de l'université Laval (Québec) : « Partout en Occident, les structures religieuses traditionnelles (Églises, pratiques, croyances, etc.) semblent en train de s'effondrer mais en même temps, une montée du "spirituel" se laisse volontiers reconnaître. [...] Pourquoi fleurit-il ainsi, là même où la religion semble s'effondrer, ou à tout le moins traverser des crises majeures, dans ce monde qu'on dit justement "sécularisé[92]" ? »

On notera enfin que de plus en plus de religieux s'associent également à cet effort de distinction. Le père Gérard de Villers écrit ainsi : « La plupart de ceux que je rencontre n'expriment aucune référence à une religion ou à une autre. Ils m'invitent cependant au plus intérieur d'eux-mêmes, dans ce "lieu spirituel" où se joue l'essentiel de la vie de quelqu'un et qui touche au sens. Ce lieu où se rassemblent les éléments fondamentaux de la personne humaine, où les uns et les autres cherchent à passer de l'angoisse à l'espoir, de la culpabilité à la paix et, même, de la peur à la foi. Il est clair qu'on peut parler ensemble du spirituel sans prendre les mots ou les rites d'une religion[93]. »

Cette large convergence des observations permet d'affirmer que pour un mourant – comme pour toute personne –, contrairement à nombre d'idées reçues, questionnement religieux et questionnement spirituel ne se confondent donc pas nécessairement.

Pour poursuivre cet effort de distinction, on peut invoquer des éléments de vocabulaire ordinaire. On note ainsi que parler de « pratique religieuse » ou de « pratique spirituelle » a peu ou prou le même sens. En revanche, si les deux adjectifs peuvent s'employer avec le mot « vie », ils ne revêtent alors pas du tout la même signification : « vie religieuse » s'emploie pour qualifier l'existence de personnes qui se sont consacrées à une mission contemplative ou apostolique, alors que « vie spirituelle » fait référence à la vie intérieure propre à chacun, qu'il soit religieux ou laïc. On parle aisément d'« appartenance religieuse » pour signifier une adhésion à un groupe. On peut même se demander si le fait de pouvoir parler d'appartenance n'atteste pas déjà de la dimension religieuse du spirituel, d'une « tangibilisation » du spirituel en du religieux. À l'inverse, on ne saurait parler d'« appartenance spirituelle », encore qu'on puisse parler de « famille spirituelle » pour signifier l'adhésion à un courant de pensée informel, ce qui ne saurait revêtir le même sens communautaire. À son tour, le terme « croyance » ressortit lui aussi essentiellement au domaine religieux mais traduit déjà un léger glissement hors de ce champ, vers quelque chose de plus spirituel. Ce qu'on peut percevoir dans l'expression de la sociologue britannique Grace Davie « croyance sans appartenance » (*believing without belonging*)[94]. À l'opposé, le terme « expérience » ne s'accorde qu'avec l'adjectif « spirituel » puisque l'expression « expérience religieuse » n'a pas véritablement de sens dans le langage commun (elle est réservée aux gens consacrés). S'agissant d'un mythe partagé, la croyance possède une dimension principalement collective – quand bien même elle s'inscrit également dans l'intimité de la personne – qui lui confère une grande proximité avec la dimension cultuelle. Elle est le gage de l'adhésion du fidèle (du latin *fides*, « foi, confiance ») au groupe, leur signe de reconnaissance. Elle procède d'un savoir porté par un docteur, un religieux habilité à en fixer les contours et à en révéler les subtilités. À l'inverse, l'expérience, même si elle a lieu dans un contexte collectif, conserve une dimension fondamentalement individuelle, par le ressenti subjectif qu'elle provoque. Il semblerait donc que l'expérience ne reposerait pas tant sur des croyances que sur une confiance intérieure (étymologiquement, le même mot que « foi »). Ce serait d'abord cette *fides*, cette foi confiante, tenant d'une relation intime et intersubjective entre l'homme et son Dieu, qui peut être vécue par chacun, qui caractériserait le mieux, dans le champ religieux, l'expérience spirituelle et permettrait de la reconnaître.

La croyance, cette *science* partagée, et la confiance, cette *expérience* dégagée de tout savoir, semblent être des critères assez pertinents, complémentaires et non antagonistes, pour reconnaître ce qui est de l'ordre du cultuel et ce qui est de l'ordre du spirituel.

Il en résulte qu'à s'efforcer d'isoler le spirituel du religieux, on peut, à grands traits, mettre en évidence qu'ils partagent un élément vivifiant (pratique, vie) qui va au-delà des théorisations et des grandes explications intellectuelles du monde. En revanche, le religieux comporte une dimension communautaire marquée (appartenance) là où le spirituel se réfère à une dimension davantage individuelle (expérience). On peut aussi soutenir qu'un trait d'union possible entre le spirituel et le religieux réside dans la notion de croyance, qui tient à la fois de l'intime mais aussi du partage. On peut aussi souligner que la religion couvre deux séries de registres : public et privé, collectif et individuel ; le spirituel, lui, se limiterait davantage au registre personnel et privé, d'où la difficulté à l'aborder dans un contexte public et laïque. Le mot « religion » – dont une des étymologies signifie « rassembler » ou « relier » – semble exclure par principe l'individualisme, c'est-à-dire toute relation qui ne serait qu'individuelle, à l'inverse du mot « spirituel » qui peut, lui, s'en accommoder*.

Poussons l'analyse plus loin. Si le religieux et le spirituel ne se confondent pas, peut-on repérer dans certaines pratiques ce qui pourrait relever spécifiquement du religieux et ce qui pourrait relever plus généralement (ou plus génériquement) du spirituel ? Ainsi les aumôniers posent-ils des gestes (ou des paroles) spécifiquement religieux mais ils adoptent également une posture relationnelle bienfaisante, via la présence et l'écoute active notamment, qui semble traverser la dimension religieuse et constitue la caractéristique de tout accompagnement des malades. Peut-on, sur cette base, différencier dans l'accompagnement deux dimensions distinctes et possiblement complémentaires du spirituel ?

– Une *dimension spécifiquement cultuelle et rituelle* qui relèverait d'une religion en particulier et s'adresserait aux fidèles de cette religion. La mise en œuvre de cette dimension spécifiquement religieuse incomberait

* La religion, si elle n'exclut pas une relation personnelle à la transcendance, est pourtant d'abord et surtout constituée par sa dimension collective et communautaire qui, chez les chrétiens, reçoit le nom d'« Église ».

aux ministres du culte et à leurs représentants dûment formés.

– Une *dimension non cultuelle et relationnelle,* plus transversale et moins formelle, qui toucherait chaque être humain dans sa dimension spirituelle, indépendamment de ses options religieuses. Cette dimension pourrait alors être accompagnée par n'importe quel être humain indépendamment de ses convictions personnelles.

Cette distinction peut permettre de conclure que l'aumônerie intervient dans les champs religieux (rituel) et spirituel (présence), tandis que les bénévoles laïques interviennent pour leur part dans le champ social (visite) et également dans le champ spirituel (présence). Elle permet aussi de souligner que, s'il est courant et habituel que le cultuel et le spirituel se rejoignent et se complètent jusqu'au point de paraître se confondre, il peut y avoir du cultuel sans spirituel comme il peut y avoir du spirituel sans cultuel.

La différence entre un aspect subtil et général (le spirituel) et un aspect plus formel et particulier (le cultuel) peut se schématiser de la manière suivante, une telle représentation traduisant une idée de *continuité* et de gradation entre les aspects les plus manifestes et les aspects les plus subtils de l'expérience croyante.

À ce stade de la réflexion, on peut affirmer le double principe suivant :

– Tout être humain a une dimension spirituelle. Il peut aussi décider d'avoir une religion ou pas.

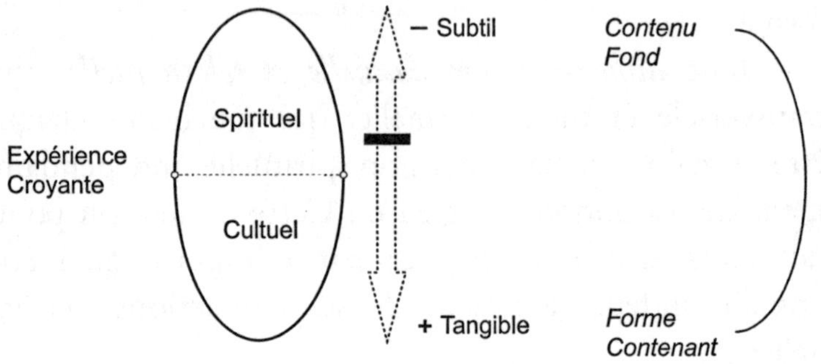

Le cultuel et le spirituel

– On peut vivre sa religion de manière spirituelle. On peut aussi la vivre de manière non spirituelle.

Dit ainsi, cela peut paraître évident. C'est cependant loin d'être le cas. Pour les croyants, comme pour les non-croyants, les notions de spirituel et de religieux s'épousent encore naturellement. On n'efface pas d'un trait des siècles d'histoire, d'éducation, de culture. Mon expérience me montre qu'il faut répéter plusieurs fois ces évidences pour qu'elles fassent le lent cheminement de la compréhension formelle vers l'*intégration* réelle. Une amie est venue me voir il y a peu pour me dire, triomphante : « Ça y est. J'ai compris. J'ai enfin compris. » Il lui avait fallu quatre ans, à pourtant suivre mes travaux de près, pour faire cette intégration. Elle n'est assurément pas plus fermée ni plus lente qu'une autre, elle était simplement fortement conditionnée, comme la majorité d'entre nous, à penser indissociablement les deux ensemble. Ce travail de

« désamalgame » est un travail intime qui doit pouvoir prendre son temps.

Poursuivant notre effort de discernement, notons qu'il est courant de confondre le spirituel avec la spiritualité, voire avec les spiritualités. Quelques précisions s'imposent :

– *Le* spirituel concerne cette dimension ontologique et générique de l'être humain *qui ne lui appartient pas mais qui l'habite* (*spiritus*). En tant que principe intangible qui se tient au-delà des individualités, le spirituel ne s'exprime qu'au singulier et au masculin. L'accent est mis sur l'être humain en tant que *genre* : l'être humain est par nature un être disposé au spirituel.

– *La* spiritualité est étymologiquement l'« état du spirituel ». Son emploi au singulier atteste que l'accent est mis sur l'être humain en tant qu'*individu*. Dans ces conditions, la spiritualité est le moyen privilégié pour permettre à celui qui le souhaite d'expérimenter dans l'incarnation de son existence le spirituel. La spiritualité est donc déjà ébauche de « tangibilisation » et individualisation du spirituel, chacun pouvant choisir de vivre sa spiritualité à sa manière (jusqu'à dire « *ma* spiritualité » et se créer ses propres « compositions » personnelles). La spiritualité relève donc de l'expérience personnelle et intime.

– *Une* spiritualité, voire *les* spiritualités, révèle déjà un glissement de l'individu vers le groupe : son emploi explicitement ou implicitement pluriel (« une » sous-entend qu'il en existe plusieurs possibles) révèle que l'accent est mis sur l'*aspect collectif et optionnel*. Les spiritualités sont donc les mises en forme de la spiritualité, partagées et inscrites dans un groupe doté de règles, de rites et de symboles, et à cet égard religieuses (religions) ou autrement religieuses (spiritualités). Les spiritualités relèvent donc de l'appartenance à des communautés.

Le spirituel, en tant qu'il est immatériel, ne peut être observé qu'à travers l'étude de ses manifestations qu'elles soient individuelles (la spiritualité) ou collectives (les spiritualités). On regrettera cependant que le spirituel fasse si rarement l'objet d'une approche phénoménologique réellement interdisciplinaire. Les philosophes tendent à le considérer comme un aspect particulier de la philosophie, les soignants comme un aspect particulier du soin, et les religieux, qui sont pourtant ceux qui l'ont le plus étudié, courent en permanence le risque de le circonscrire dans le cadre de leur foi. S'il est nécessaire de l'étudier à partir d'un domaine d'expertise, le risque omniprésent est de l'y inscrire voire de l'y enfermer et de le réduire à ses manifestations.

Essai de formalisation

Outre les principales notions de matière, de psychologie, de philosophie et de religion auxquelles nous venons de le confronter, le spirituel mériterait aussi d'être mis en regard avec d'autres notions proches au sein desquelles on peut avoir le sentiment qu'il réside parfois. Il peut s'agir du sacré, de la symbolisation, de la magie, de l'humanisme, de la morale… et même de l'athéisme*, toutes voies qui se prétendent à différents égards porteuses de spirituel. Par extension avec les autres notions voisines du spirituel, on obtiendrait la représentation page suivante où le spirituel serait le point commun à de multiples voies, le fond unique et partagé au cœur de la diversité des formes.

Selon cette approche, le spirituel serait avant tout *une expérience intime qui peut prendre ou non la forme de la religion,* qui peut éventuellement s'y apparenter sans pour autant s'y réduire, qui la déborde et lui échappe éventuellement, sinon toujours… Il peut paraître alors plus judicieux de parler du spirituel *dans* le religieux (qui est une voie privilégiée parmi d'autres du spirituel) que de religieux *et* de spirituel, qui laisse entendre une distinction probablement trop radicale.

Il reste à mettre en garde contre les tentations gnostique d'une part et syncrétique d'autre part qui peuvent naître d'une telle représentation. La tentation gnostique (du mot grec qui signifie « connaissance ») porte en elle le risque de survalorisation du savoir intuitif, de déva-

* Voir en ce sens le livre d'André Comte-Sponville *L'Esprit de l'athéisme, introduction à une spiritualité sans Dieu* (Albin Michel, 2006) qui s'attache à décrire la spiritualité comme une expérience plus immanente que transcendante, plus ramenée à soi que référée à un être d'une autre nature.

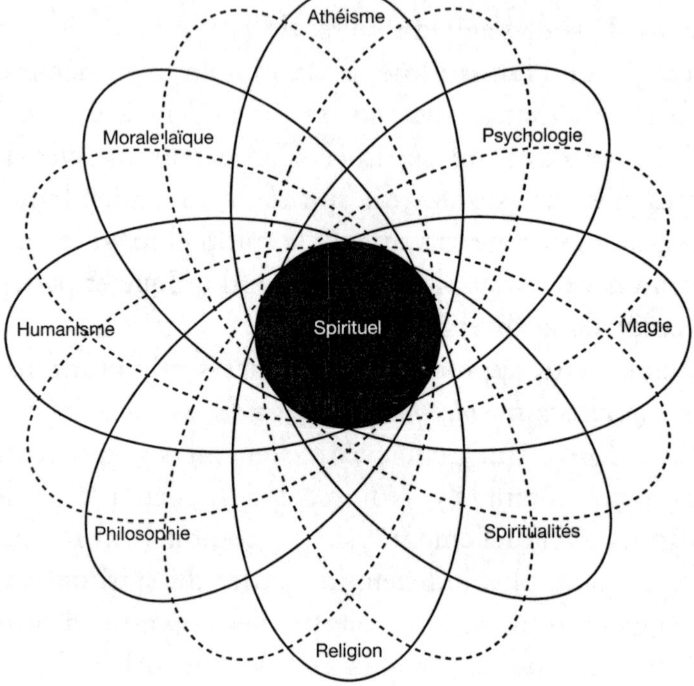

Les mises en forme du spirituel

lorisation du corps et de la matière, et donc d'abstraction informelle du spirituel. La tentation syncrétique est ce rêve de toucher le cœur de toutes les spiritualités, leur fond commun, et de pouvoir se passer des formes. Elle apparaît comme une vision spiritualiste (avec une certaine négation de la matière), portant de surcroît, dans sa réduction, un certain risque normatif et probablement appauvrissant. Ces deux voies font fi de l'évidence que c'est par la forme, sa réalité et sa diversité, que le fond peut être le mieux approché, sans cependant jamais être totalement circonscrit. C'est la diversité des formes, dans leur complémentarité ou leurs antagonismes, qui fait la valeur du fond. L'analogie couramment présentée dans le domaine de la quête spirituelle est celle d'un sommet qui possède plusieurs voies d'accès, lesquelles donnent à la montagne tout son volume et toute sa grandeur. Celui qui veut réduire la montagne à son point culminant lui ôte sa nature même de montagne pour n'en faire plus qu'un point, une *vue de l'esprit* ; et ce qui fait la joie de l'alpiniste et la valeur de son exploit, ce n'est pas tant le sommet (qui a plus valeur de symbole) que le chemin qu'il a patiemment fallu parcourir pour l'atteindre. Pour autant, le sommet est le but vers lequel l'être tout entier se tend et qui constitue la source essentielle de sa vitalité. Ce schéma ne saurait donc être interprété comme une quelconque prééminence du fond sur la forme, du cœur sur la périphérie, du spirituel sur l'une quelconque de ses formes dans la mesure où, s'il est possible de les distinguer selon quelques critères, ils demeurent fondamentalement liés. La forme est nécessaire au fond et réciproquement.

Cette précaution ainsi prise, il me semble qu'on peut conclure que le spirituel peut emprunter la forme de la religion, de la philosophie, de la psychologie, de la morale, de l'humanisme… et pourquoi pas même de l'athéisme, *sans jamais s'y réduire totalement.* Nous mesurons qu'il y a plusieurs formes, plusieurs vecteurs, plusieurs voies, mais une seule soif qui semble se tenir en amont de celles-ci. Une seule source, mais plusieurs fleuves, et pas seulement les religions, même si ce sont elles qui viennent en premier lieu à l'esprit. Pour Bernard Matray, prêtre jésuite et figure pionnière des soins palliatifs, « le spirituel est le cœur du cœur de l'homme[95] » et le schéma présenté ci-dessus accrédite son intuition. Il nous signifie en effet non seulement que le spirituel est par nature irréductible à toute forme de définition et de fixation, mais que c'est bien en amont de son apparence, de sa forme qu'il faut le chercher. Il reste toutefois à déterminer en quoi consiste ce fond, ce cœur, et c'est l'étude de la souffrance spirituelle qui va nous y conduire, en ce qu'elle pointe cette soif racine et intime, ce besoin vital et commun au genre humain, inhérent à sa nature que les soins palliatifs viennent révéler si précisément.

V.

« Souffrance spirituelle » : le choix d'une définition

L'enjeu de cette réflexion n'est pas théorique et abstrait ; il est d'abord concret avec l'ambition de proposer des repères pratiques pour accompagner de manière appropriée des personnes qui souffrent, même s'il faut en passer, comme l'archéologue avec son pinceau, par le dépoussiérage des concepts. Aussi, pour ne pas en rester au niveau d'imprécision actuel, il faut poursuivre cette exploration et tenter de combiner cette notion de spirituel à celle de souffrance pour comprendre le sens exact de cette expression singulière.

Cela revient à poser la question du fait générateur. Deux événements majeurs constituent les causes principales qui viennent justifier l'accompagnement : la confrontation à la souffrance (qui surgit le plus souvent de ruptures) et la confrontation à sa propre mortalité. Ces deux événements tiennent également un rôle déterminant dans la survenance de la souffrance spirituelle.

La question de la souffrance est une question qui demeure sans réponse. Pourquoi l'être humain souffret-il dans son corps, dans son cœur, dans son âme ? On peut invoquer toutes sortes d'arguments pour justifier la souffrance (contingences de la matière, châtiment divin, invitation au dépassement de soi...), il n'en demeure pas moins qu'in fine, aucune de ces explications ne vient combler un vide qui reste absolu. La souffrance, qu'elle soit physique ou psychique, vient durement éprouver la personne dans son existence. Elle peut alors révéler une souffrance d'un autre ordre, à la fois plus profonde et plus subtile, une souffrance qui touche à l'identité même de l'être humain : une souffrance qu'on peut globalement qualifier de « spirituelle » en ce qu'elle touche au fond de l'être, à son essence, et pas seulement à son existence et à ses aspects particuliers.

La question de la mortalité de l'homme est également une question qui demeure sans réponse. Toute la vie de l'homme est consacrée à sa survie. Ses moments de repos ou de création (notamment par l'art) sont des moments d'envolée et en même temps, paradoxalement, des instants volés à la mort. L'être a-t-il été créé pour le néant ? Même la croyance dans un au-delà n'apaise pas la souffrance liée à l'idée de la mort. L'observation tend à montrer que les religieux ne sont ni plus ni moins désespérés à l'approche de la mort que les laïcs. La mort demeure l'obstacle absolu sur lequel s'abîme la raison. Le temps où l'être humain prend conscience de sa mort prochaine est le plus souvent un temps de tourmente, de furie intérieure et de désarroi alternés, de révolte et d'abattement mêlés, de tentatives de marchandage suivies de moments d'apathie, et très exceptionnellement un moment de sérénité. L'absurdité de la mort, qui est la source de l'horreur qu'elle suscite, ouvre également sur cette même souffrance d'un autre ordre que nous tenons pour la souffrance spirituelle. Tant d'efforts pour quoi ? Et à quoi sert de vivre puisqu'il nous faut mourir ?

Pour comprendre la souffrance spirituelle, il faut aller voir ce besoin irrésolu de sens qui se tient au cœur de l'homme. On peut tenter d'y voir un peu plus clair en distinguant deux besoins :

– Un besoin plutôt d'ordre « existentiel » qui conduit l'homme à s'interroger sur le sens de son existence, de ses épreuves et de sa mort, soit dans le regard porté sur la cause, l'origine, vers le passé (sens rétrospectif : « D'où ça vient ? »), soit dans le regard porté sur l'effet, la finalité, vers l'avenir (sens prospectif : « À quoi ça sert ? »). C'est le champ du pourquoi : « Pourquoi ça, pourquoi moi, pourquoi maintenant, pour quoi faire ? » Ce besoin est un besoin cognitif de *savoir* et un besoin de repères référés à une culture, pour permettre à la personne de se sentir exister dans une histoire.

– Un besoin d'ordre « essentiel » qui consiste en un besoin de se sentir relié, non séparé : un besoin essentiellement *relationnel.* L'être humain, pour mesurer qu'il est pleinement vivant, a besoin d'éprouver, de sentir et de ressentir la proximité d'un *autre* et de se sentir considéré, aimé, porté par cet autre. Chacun a besoin d'une altérité pour se sentir être. Il ne s'agit plus alors d'une soif de sens entendu comme un savoir mais d'une soif de sens, *des* sens, entendu comme un senti. Ce besoin expérientiel est un besoin de *sensations*, de *sentiments* et de *ressentis*, un besoin de se sentir vivant dans l'instant.

Notons également que cette représentation autour de deux besoins distincts mais complémentaires de sens correspond aux deux dimensions de la religion : une dimension intellectuelle, savante, que traduit l'étymologie latine selon Cicéron *relegere* (relire, interpréter) qui vise à donner du sens au vécu à partir d'un savoir ; et une dimension expérientielle, sensible, que traduit l'étymologie latine selon Lactance *religare* (relier) qui vise, à travers les sens, à donner la sensation et le sentiment d'être réuni (uni et unifié) et vivant.

On peut aussi se demander si on ne pourrait pas rattacher le besoin existentiel à un besoin de croyance (système symbolique) et le besoin relationnel à un besoin de confiance (système affectif). La croyance et la confiance apparaissent en effet comme deux voies distinctes et complémentaires de la foi. Mais de quoi parle-t-on vraiment quand on parle de « foi » ? Le mot « confiance » provient, on l'a vu, du latin *fides*, qui signifie littéralement « foi ». Même s'il n'est pas aisé de distinguer le fait de croire et le fait de faire confiance, on peut peut-être avancer que la croyance relève davantage d'une adhésion plutôt abstraite et plutôt collective (avoir des croyances) alors que la confiance est davantage une expérience concrète, presque charnelle, et en tout cas personnelle (être en confiance). Quelles peuvent être leurs incidences respectives sur la souffrance ?

Observons d'abord que la souffrance a ce pouvoir ambivalent d'éteindre ou d'engendrer la foi. Le premier cas semble d'ailleurs plus courant que le second. On remarque souvent que la douleur intense – tout comme l'absurde – vient révéler, derrière les certitudes de la foi la plus ferme, un silence et un vide radicaux. À partir d'un certain seuil, la route, les appuis et les anciens repères s'évanouissent et l'homme paraît livré à lui-même, seul au monde. Dans ce silence et cette solitude, certains en viennent à renier la foi qui les animait jusqu'alors.

Ensuite, les croyances peuvent faire naître une souffrance. Les prescriptions et interdictions religieuses ou morales sont aussi susceptibles d'engendrer des sentiments de culpabilité et un jugement de soi (souvent sous forme de punition) qui peuvent causer une souffrance aiguë. Comme cette femme qui à la fin de sa vie répétait : « Je suis punie, je suis punie » à cause de sa culpabilité d'avoir avorté quand elle était plus jeune.

Enfin, la foi-confiance peut aussi apaiser la souffrance. Je me souviens ainsi d'une nonne bouddhiste que ni les lectures, ni les méditations, ni les rituels ne parvenaient à apaiser. C'est une simple main, une main de bénévole posée tout doucement en silence dans la sienne, qui y est arrivée. Mieux que ses croyances ou ses rituels, c'est semble-t-il une présence venue littéralement la *toucher* qui a pu réussir à la remettre en confiance et à adoucir sa détresse. Je pense aussi à une malade qui exprimait ses « regrets de ne pouvoir croire », signifiant qu'une partie d'elle-même ne se résignait pas aux explications proposées. Une autre disait : « À quoi ça me sert d'être croyante ? Mais je veux bien faire confiance. »

Comme le souligne également le sociologue québécois Raymond Lemieux : « Toute parole est demande d'amour. Engageant le risque pris par un sujet de s'adresser à un autre sujet, elle cherche de ce dernier une reconnaissance. Elle suppose, pour cela, non pas la certitude d'une réponse, mais la confiance[96]. » Ces témoignages convergent et peuvent permettre l'affirmation suivante : le spirituel n'est pas tant de l'ordre du savoir que de celui de l'*expérience* ; il n'est pas tant de l'ordre de la croyance que de celui de la *confiance*. Il n'est pas si rare que sous les assauts de la souffrance, la foi-croyance, avec sa part de connaissance, se mue en foi-confiance devant des horizons inconnus.

Il y a donc un lien étroit, une connexion mystérieuse entre la souffrance et la foi, dans ses deux voies de croyance et de confiance. À travers ces précisions et témoignages, on mesure l'importance de la dimension relationnelle dans la souffrance des profondeurs.

Spirituel et rencontre

Quelles que soient les voies du spirituel évoquées plus haut, elles paraissent toutes pouvoir être caractérisées par le lien qui semble en être l'élément commun et constant et un des paramètres primordiaux de la santé. C'est pourquoi le Dieu de la Bible, contemplant Adam, s'exclame-t-il au livre de la Genèse : « Il n'est pas bon que l'homme soit seul : il lui faut une aide qui lui soit assortie » (2, 18). Partant de cela, il me semble que le spirituel peut déjà être compris comme la relation, c'est-à-dire comme le *pont entre deux êtres*. Seulement, si le mot « relation » dit bien l'existence du lien, il ne dit en revanche rien de sa qualité.

C'est cela que visait le jésuite René Claude Baud quand il disait que « là où la personne se trouve dépouillée d'un passé, ignorante de l'avenir, dans la fragilité du présent, là elle retrouve la dimension spirituelle de son être. Il n'y a de réalité humaine et spirituelle que lorsque l'invisible de l'homme (la face cachée de son être, son histoire, ses sentiments...) prend l'initiative de se donner à voir, lorsque l'intime d'un être a assez de confiance en un autre pour s'offrir en vérité à sa présence. Lorsque l'on entre dans cette dimension de "l'être en vérité", dépouillé de toutes certitudes, on quitte l'ordre de la bonne volonté, des bonnes intentions, et une relation vraie peut s'instaurer[97] ».

La qualité de la relation me semble cependant mieux traduite par ce qu'on nomme la « rencontre ». Là où la relation peut rester sociale, la rencontre, elle, devient davantage spirituelle. À condition de s'accorder sur son sens.

La langue française rend mal compte de la polysémie

du mot « rencontre ». Les Grecs distinguaient *apantò* (rencontrer) et *tugkanò* (rencontrer par hasard)[98]. Ils utilisaient également le substantif *sumbolè* (rencontre, rapprochement dans un combat) qui partage la même origine que *sumbolon,* lequel désignait un morceau de terre cuite coupé en deux : les deux morceaux étaient destinés à être réunis lors de la prochaine « rencontre » des deux protagonistes à l'occasion d'un rituel éminemment « symbolique » qui attesterait de leurs liens de proximité et de leur hospitalité mutuelle. Dans le dictionnaire français, la rencontre est simplement définie comme « le fait, pour deux personnes, de se trouver en contact par hasard » (*Le Robert*). Comme telle, elle semble dire moins que la relation, mais deux idées principales se dégagent qui permettent de dépasser le sens commun pour lui donner plus de profondeur : derrière l'idée factuelle de contact, on peut deviner aisément celle de *présence* qui s'illustre dans le face-à-face (comme dans une rencontre sportive ou encore dans l'expression « aller à l'encontre » qui signifie « s'opposer à ») ; derrière l'idée de hasard* se tient une idée d'imprévisibilité

* « Hasard » est un mot qui signifiait à l'origine le « dé » et par extension l'intervention divine, avant de revêtir à partir du XVIe siècle le sens de simple « événement fortuit » (Baumgartner E., Menard Ph., *Dictionnaire étymologique et historique de la langue française,* Livre de poche, 1996). Dans cet ordre d'idées, Albert Einstein aurait dit : « Le hasard, c'est Dieu qui se promène incognito. »

et de *débordement de la volonté humaine*. Le verbe « rencontrer » introduit une idée supplémentaire de mouvement (venir en face).

Ce qui nous intéresse ici, ce n'est pas la rencontre accidentelle (*tugkanò*), conforme au dictionnaire, où deux personnes se croisent inopinément. C'est bien davantage une authentique rencontre (*apantò*), cette union non préméditée mais désirée dans laquelle deux vies différentes se rejoignent et s'associent même fugitivement (se rencontrer : se joindre, réunir)*. *Il est des moments où la relation ordinaire peut devenir rencontre.* La véritable rencontre n'est-elle pas cette fenêtre mystérieuse qui parfois s'ouvre sans préméditation, hors du champ même de la volonté, sinon celle de ne pas se dérober à cette éventualité ? Trop souvent, la rencontre au fond, au cœur se trouve entravée parce qu'un des deux ne permet pas qu'en cet instant, elle puisse avoir lieu. Parce que, par gêne ou incrédulité, il s'y dérobe. N'est-ce pas ce partage inattendu, imprévisible, mais secrètement espéré, qui parfois – fugitivement mais intimement – unit sans projection deux êtres humains, non

* Jacques Sedat parle de « trouvaille » ou même de « retrouvaille ». Le philosophe Paul Ricœur parle, lui, plutôt de « réconciliation » qui revêt un caractère plus définitif. La notion de *rencontre* permet de valoriser plus l'instant que la durée, et accorde donc, selon moi, plus d'importance au présent, à la présence, et à l'expérience du spirituel. Voilà pourquoi elle conserve ici ma préférence.

parce qu'ils ont déjà en commun un peu de leur histoire, mais parce qu'ils sont avant tout des êtres humains et se reconnaissent simplement comme tels ?

Ce qui est spirituel, ce n'est donc pas tant la relation – qui est en soi un fait neutre et éventuellement volontaire – que la rencontre, événement indécidable et surprenant qui dit quelque chose de la profondeur et de la qualité de cette relation. Marie de Hennezel me confiait un jour : « La souffrance spirituelle ? Pour moi, c'est celle que ressent une personne qui peut avoir le sentiment d'être entourée sans pouvoir pour autant communiquer ce qu'elle ressent au fond d'elle-même ; celle de quelqu'un qui ne parvient pas à accéder à cette profondeur d'échange où on laisse aux autres quelque chose de soi. Tout le monde a besoin de laisser quelque chose de soi. Tout le monde a besoin d'être là avec l'autre, de ne pas s'en sentir séparé. La réponse à cette souffrance n'est pas d'ordre religieux. Elle n'est pas d'ordre psychologique non plus. » Il y a donc au cœur de la rencontre, tant espérée et tant redoutée à la fois, un accès possible au mystère de l'être et au spirituel. Cette rencontre peut se vivre dans trois dimensions non divergentes et même, idéalement, harmonieusement conjuguées :

– La première dimension de la rencontre est la hauteur (verticalité) : c'est la rencontre transcendantale avec le divin extériorisé, créateur, entité d'une autre nature. C'est la rencontre spirituelle classiquement couverte par les religions. C'est cette expérience qui vient naturellement, spontanément à l'esprit quand on pense « spirituel ». Dans la Bible, le lieu primordial de cette rencontre avec Dieu est d'ailleurs la tente du nomade, appelée « tente du rendez-vous » ou encore « tente de la rencontre » (Genèse 9, 21 ; Exode 33, 7). Pour le croyant qui situe son existence dans l'*attente de la rencontre* avec Dieu, c'est dans l'offrande de soi devant Dieu, dans le dialogue intime avec Dieu que cette rencontre a lieu. Pour le chrétien, celle-ci s'opère, d'abord à travers les sacrements de communion et de réconciliation, sous l'action de l'Esprit saint.

– La deuxième dimension de la rencontre est la longueur (horizontalité) : c'est la rencontre entre deux êtres humains, créatures de même nature. Elle aussi peut être pleinement spirituelle quand elle est cette fenêtre qui s'ouvre, par surprise, sans préméditation, sur une communion de cœur à cœur, une rencontre d'âme à âme, qui unit, sans projection, deux personnes qui se « reconnaissent », qui ont en commun la même condition d'être humain et la même soif de sens et de saveur. Ne dit-on pas intuitivement que « les grands esprits se rencontrent », expression qui déborde souvent le seul domaine de la complicité intellectuelle ?

– La troisième dimension de la rencontre est la profondeur (intériorité) : c'est la rencontre de l'homme avec lui-même, avec ses brumes, sa part encore inconnue, son inconscient selon les uns, le divin intériorisé selon les autres, son mystère intérieur. Cette rencontre peut, elle aussi, être de nature spirituelle quand elle conduit à éprouver un sentiment intérieur d'unité, de paix, d'accomplissement, ce à quoi tentent de conduire certaines voies psychiques (certaines voies de développement personnel par exemple) ou philosophiques (le bouddhisme par exemple). Cette troisième dimension, avec la prise en compte de soi (fût-ce la dissolution de soi comme dans le bouddhisme), trop souvent négligée, vient donner à la rencontre sa pleine profondeur et une perspective complète.

C'est ce que note également le Dr Echard qui insiste sur le fait que « la recherche de pistes vers le sens dans le contexte de la fin de vie ne peut se faire qu'à travers la redécouverte du lien de soi à soi, mais aussi du lien de soi à autrui, ou de soi à une transcendance[99] ». On notera au passage que chacun de ces trois champs semble précisément correspondre aux trois registres « psychiques » de la notion de souffrance globale, à savoir la souffrance psychologique, la souffrance sociale et la souffrance « spirituelle » (au sens classique et religieux du terme, et non au sens que j'entends lui donner ici). Le psychologue est théoriquement le plus qualifié pour accompagner le désir de rencontre intérieure, le bénévole (mais aussi les proches, voisins, amis, etc.) le désir de rencontre horizontale, et le religieux le désir de rencontre verticale. Mais ces rencontres sont mystérieuses et ne s'opèrent pas exclusivement à travers le médiateur auquel on pense a priori. Car chacune de ces rencontres peut avoir quelque chose d'imprévisible, de déroutant et de magique.

Il me semble que dans chacune de ces trois dimensions, ce qui se joue c'est la découverte de l'autre *(alter)* au sens le plus large. Tout être humain a besoin d'un autre. C'est sans doute ainsi qu'il faut aussi comprendre la nécessité d'une « aide qui lui soit assortie » : avoir un alter ego qui soit non seulement capable de le soutenir, mais aussi de le contenir par la limite qu'impose sa seule présence, et qui lui permette ainsi de se *délimiter* et de s'identifier.

Tout être humain a le sens d'un dépassement de soi, de ce qui se passe au-delà de lui. L'autre est déjà un au-delà. L'inconscient, ou l'« être profond » comme on dit parfois, est bien un autre pour l'individu : il est soi, partie de soi, aspect de soi, mais un soi inconnu, inépuisable et à découvrir sans cesse. L'homme est bien un autre pour l'homme, son alter ego, semblable par sa nature mais différent par sa personnalité et sa singularité, irréductible à soi. Enfin, Dieu est bien le Tout Autre pour l'homme, profondément autre par nature. Trois autres : l'autre-soi, l'autre-moi, l'autre-lui. On peut légitimement considérer que le spirituel, c'est la rencontre avec un ou plusieurs de ces autres, ce lien, ce pont subtil, irréductible au savoir mais ouvert au ressenti, à l'expérience, qui unit deux vies, deux « autre » l'un pour l'autre, qui se cherchent.

Le spirituel, me semble-t-il, c'est la qualité mystérieuse et vivifiante du lien au-delà des formes du lien. Plus qu'un simple besoin de relation, le besoin spirituel ressort comme un besoin de rencontre, plus exactement un *désir de rencontre*, de profondeur relationnelle dans un moment d'union : vivre une véritable rencontre peut suffire à faire sens pour toute une vie. Cette rencontre peut se vivre selon les trois ordres de la relation – dans la hauteur, dans la longueur, dans la profondeur, idéalement dans les trois en même temps – et cela peut suffire à donner un vrai sentiment de débordement de soi (ou d'approfondissement de soi) et de plénitude.

Dans cette perspective, l'expression « souffrance spirituelle » apparaît bien paradoxale. Ce n'est pas en soi le spirituel qui cause la souffrance, mais bien l'insuffisance voire l'*absence de spirituel* (au même titre que la souffrance sociale naît du manque de relations sociales). La souffrance spirituelle s'illustre plus spécialement chez les mourants et les affecte sans doute plus radicalement pour des raisons intemporelles qui tiennent à la nature même de la mort qui sépare, mais aussi conjoncturelles qui tiennent autant à la sociologie, au tabou et à la désocialisation de la mort qu'à la médicalisation de la fin de vie. L'ensemble de ces circonstances tendent à tenir le mourant (et son entourage) à distance de la possibilité d'une rencontre *dans le fond de son être*, le laissant sur une béance de solitude malgré l'éventuelle présence physique de proches.

La souffrance spirituelle est la souffrance globale

À la lumière de ce qui a été précédemment développé, les représentations traditionnelles de la souffrance globale* se révèlent insuffisantes en tant qu'elles font des religieux les accompagnants quasi exclusifs de la souffrance spirituelle. La distinction opérée entre le spirituel et le religieux doit déjà permettre, pour commencer, de sortir l'élément spirituel de la seule dimension religieuse.

Il résulte de ces développements que la représentation de la souffrance globale en quatre registres qui prévaut encore aujourd'hui dans la doctrine et la pratique ne peut plus donner entière satisfaction. Nous sommes donc conduits, signifiant clairement une distinction entre le spirituel et le religieux, à substituer au quatrième aspect que constitue la souffrance « spirituelle » une souffrance « existentielle », pour laquelle les religieux ou les philosophes sont véritablement les seules personnes « techniquement » compétentes et disposent d'un savoir – et d'un savoir-faire – avéré. Il ressort alors que *la souffrance spirituelle constitue véritablement une cinquième dimension spécifique de la souffrance globale*, une dimension qui ne se situerait pas *à côté* des autres, mais qui se tiendrait plutôt *en amont* d'elles et qui les irriguerait de manière transversale. Je rejoins en cela le

---

* Cf. figures p. 109 et 110.

Dr Marie-Sylvie Richard, ancien chef de service à la maison de soins palliatifs Jeanne-Garnier, pour qui la souffrance spirituelle ne serait pas une composante de la souffrance (globale), « mais plutôt son "arrière-fond", l'être souffrant étant blessé en profondeur, en sa force de vie[100] ». Sans être explicite sur ce point, elle semble cependant considérer que l'atteinte à la dimension spirituelle de l'être serait le véritable fondement de la souffrance, qui pourrait ensuite s'exprimer dans les différents registres physique, psychologique et social, de manière plus ou moins visible. Dans la foulée de ces développements, la nouvelle représentation de la souffrance globale devient alors logiquement la suivante, mettant bien en évidence la transversalité de la dimension spirituelle.

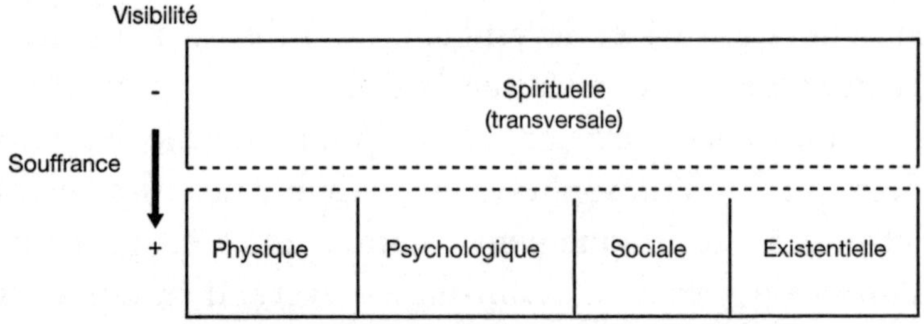

Les cinq dimensions de la souffrance globale

La représentation suivante illustre mieux quant à elle les interdisciplinarités et surtout l'aspect en apparence secondaire (en visibilité) mais en réalité central, racine, nucléaire presque, de la composante spirituelle de la souffrance. Cette représentation explicite assez bien cette souffrance de premier ordre, inhérente à chacun des quatre registres de second ordre qui seraient autant de *formes* au travers desquelles elle peut diversement s'exprimer : au moyen d'une somatisation, par la voie de troubles psychologiques, sous la forme d'une marginalisation dans les liens sociaux ou encore à travers des interrogations métaphysiques, toutes ces manifestations étant d'ailleurs souvent combinées.

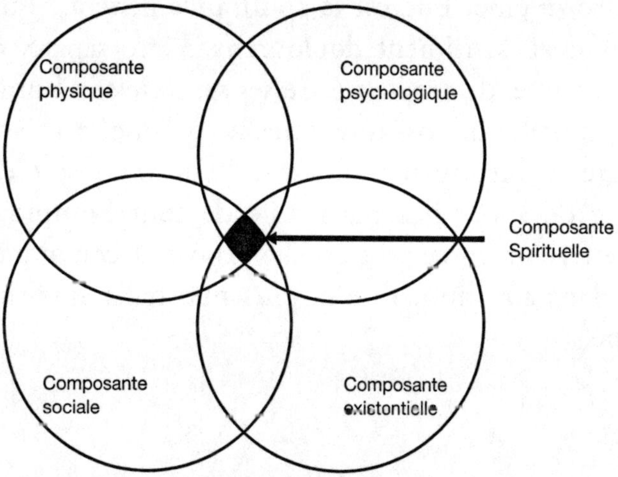

La *souffrance existentielle* est celle qui naît de l'insatisfaction du besoin existentiel. Elle peut être définie comme la difficulté à donner du sens à sa vie. Elle est une souffrance particulière, qui appelle une réponse réfléchie et élaborée (une sorte de « nourriture pour l'esprit »), qu'elle soit de nature psychologique, philosophique, symbolique, théologique… Cette réponse peut provenir de l'éclairage d'un spécialiste de ces champs dûment formé et expérimenté, réponse qui est une *science* et s'adresse à la *conscience* via la raison.

La *souffrance spirituelle* est celle qui naît de l'insatisfaction du besoin relationnel. Elle est la souffrance générique, essentielle, correspondant à ce besoin fondamental de se sentir relié tant horizontalement – entre êtres humains –, verticalement – avec une transcendance –, qu'intérieurement – de manière immanente avec soi-même. Elle est la souffrance générale qui correspond au sentiment douloureux d'être séparé, coupé de sa source, de sa vitalité, de ses sens, de son humanité. Elle appelle moins une science qu'une *présence* qui touche et fait toucher au *cœur*. Cette réponse n'est pas affaire de spécialiste mais celle de tout homme et de toute femme en ce sens qu'elle expose et convoque chacun dans son humanité la plus nue mais aussi la plus pleine.

Le « détachement aimant »

De loin, j'hésite. Est-ce un homme ou une femme ? Je n'ai que son nom sur ma feuille : « Lebeau ». C'est une femme ainsi que me l'apprend sa chemise de nuit fleurie que je découvre en m'approchant ! Elle se prénomme Madeleine, toute une époque... J'apprends aussi qu'elle est atteinte d'un cancer ; elle perd d'ailleurs ses cheveux sur toute la partie gauche de son crâne, ce qui explique mon hésitation initiale. Je ne remarque pas tout de suite les photos de jeunes enfants sur le mur et les poèmes joyeux qu'ils ont écrits pour elle.

« Tanguy ? Bénévole ? Ah ! » dit-elle en regardant mon badge. D'emblée, elle me dit qu'elle aimerait, lorsqu'elle sera guérie, être bénévole elle aussi. J'ai déjà entendu ça. Elle me demande si nous sommes affiliés à une religion. Comme je lui réponds que non, cela semble la rassurer. Elle croit être dans un centre antidouleur. Elle hésite pourtant encore à se battre pour s'en sortir, ou à se laisser aller maintenant... Très vite, elle me confie qu'elle ne veut pas être un poids pour son entourage. Ils ont leur vie à vivre. Elle me dit aussi que son mari est très affecté et qu'elle ne veut pas non plus peser sur lui. Malgré son visage massif, elle est douce et franche, et je le suis pareillement avec elle.

Subitement, sans crier gare, elle fond en larmes et me parle de sa blessure encore béante. Elle a perdu son mari il y a cinquante ans. Il avait vingt-sept ans, elle en avait vingt-cinq, avec deux jeunes enfants. Il s'était porté au secours d'enfants qui se noyaient… Et c'est lui qui s'est noyé. Elle ne l'a jamais admis, elle ne lui a jamais pardonné et elle en souffre encore horriblement, chaque jour, bien qu'elle se soit remariée par la suite. Je rencontre cette détresse ancienne qui me laisse sans réponse.

« Alors ne me parlez pas de Dieu », lâche-t-elle bien que je n'aie rien dit. À lui non plus, elle n'a rien pardonné ! Sur sa table repose une photo de la peinture d'un saint auréolé. Et elle a reçu hier la visite de sœur Marie-Pierre de l'aumônerie. Elle me demande ce que je ferais à sa place. Je lui prends la main et lui dis, tout en la caressant lentement, que je crois que malgré la souffrance, la vie vaut encore la peine d'être vécue quand on peut vivre de beaux moments, de belles rencontres, même fugitives. C'est sans doute un peu court car cela ne semble pas vraiment apaiser son inquiétude. Rien ne le peut, je le crains. La cause est à la fois trop vive et trop ancienne.

Je la revois la semaine suivante. Entre-temps, elle a reçu la visite d'une autre bénévole qui lui a parlé de mon travail sur la souffrance spirituelle. Intriguée, elle m'attend, m'a-t-on fait dire. Nous n'en parlerons pourtant jamais.

Cette femme souffre. Depuis des décennies, elle souffre de la disparition brutale, insensée, inguérissable de son mari, de cette plaie restée ouverte qui, à l'image de celle du Roi pêcheur de la quête du Graal, n'en finit pas de suinter.

Elle souffre aussi de l'incertitude dans laquelle elle est plongée. Elle ignorait qu'elle avait été affectée dans une unité de soins palliatifs. Ce n'est qu'il y a trois jours qu'elle a compris que son état de santé était très grave. Mais devant les évitements des médecins, elle ne parvient toujours pas à savoir si elle a encore des chances de guérison, si cela vaut encore la peine de se battre. À la veille des vacances, ses amis défilent et elle sent confusément qu'ils viennent lui dire adieu. Son fils, qui réside à l'étranger, veut rentrer d'urgence avec ses jeunes enfants pour venir la voir. Elle résiste, car elle craint ce que ce retour signifierait. Elle se sent condamnée mais elle ne sait pas ce que les autres semblent, eux, savoir. Elle ne supporte pas ce décalage. Je lui propose de demander avec insistance au médecin, demain, de lui dire la vérité sur sa situation. Si elle veut vraiment la connaître… Elle hésite un peu. Je la comprends. Elle souffre de ne pas savoir. Mais ne souffrirait-elle pas plus de savoir ?

Elle n'envisage encore sérieusement sa mort que depuis trois jours, et encore pas pleinement. Cette accélération la déchire. Elle n'a pas eu le temps de digérer la nouvelle. Cela va trop vite, trop fort. Elle hésite entre une mort rapide (« La piqûre ») ou se laisser mourir. Elle me parle de la mort de Jean-Paul II qui « aurait pu s'éviter cette longue agonie ». Quoique farouchement antireligieuse depuis la mort de son mari, elle a été profondément marquée par cet exemple déroutant, et la force dont le pape a fait preuve dans l'épreuve la laisse profondément perplexe. Elle s'interroge sur la manière de mourir désormais…

Elle souffre enfin d'être « trop aimée », me dit-elle. Son mari, ses enfants, ses petits-enfants semblent l'adorer. Mais ils l'envahissent. « Mes enfants sont des malades affectifs », me confie-t-elle. Elle souffre pour eux de les voir aussi attachés à elle, dépendants d'elle. Elle se retient de mourir de peur de les écorcher vifs. Je lui dis qu'étant donné les liens puissants qui les unissent, sa disparition les fera souffrir de toutes les manières. Qu'elle ne dispose d'aucun moyen pour leur éviter la déchirure de la séparation. Elle ne peut savoir non plus s'ils souffriront plus d'une fin brutale (« Et vous savez à quel point on peut souffrir d'une mort brutale », lui dis-je) ou d'une mort plus lente qu'ils auront pu accompagner malgré la peine. Comment dans ces conditions choisir sa fin ? Je lui dis que pour ma part, je suis opposé à la « piqûre » (nous ne prononçons pas le mot d'« euthanasie »), mais que cela m'est facile, assis dans mon fauteuil, bien-portant, d'avoir cette position de principe. Et que si j'étais allongé à sa place dans le lit, je ne sais pas ce que je demanderais, je ne sais pas ce que j'accepterais. Le plus dur pour elle à présent, c'est de renoncer pour, peut-être, plus tard, parvenir à accepter.

Elle craint de recevoir ses petits-enfants et de les traumatiser d'autant plus qu'elle a maintenant perdu tous ses cheveux. Je lui raconte l'histoire de mon fils Baptiste et de l'enterrement de son arrière-grand-mère auquel il avait de lui-même tant tenu à assister malgré son jeune âge, pour illustrer le fait qu'on ne sait jamais comment une personne, a fortiori un enfant, va réagir. Elle ne peut donc savoir à quelle profondeur se posera leur regard. Que verront-ils en elle : la surface ou le cœur ? Et ne souffriraient-ils pas plus si on leur « volait » leur grand-mère avant qu'ils aient eu le temps de l'embrasser et de lui dire au revoir ?

À plusieurs reprises, elle me suggère de rentrer chez moi. Mais il me semble que c'est plus par politesse, par crainte de m'encombrer, par égard pour moi. Alors je reste. Elle me glisse que ma femme est une sainte car elle doit supporter la souffrance que je côtoie. C'est la deuxième fois qu'un malade voit au-delà de lui et même au-delà de moi. Déjà une autre femme, Mme Élague, il y a quelques jours seulement, au moment du départ, m'avait chargé de remercier ma femme, qui en me permettant d'être ici lui permettait, à elle, de profiter de ma présence. Elle avait les yeux pleins de larmes en disant cela, et j'étais profondément ému de tant d'égards. C'était la première fois qu'un malade me témoignait (et témoignait à mes proches) une telle attention. D'ordinaire, leur souffrance les accapare tellement que quand ils font une ouverture vers les autres, on dirait plus un reliquat de bonne éducation. Mais dans ces circonstances extrêmes où tout pousse au repli, cette femme était parvenue *à sortir d'elle-même.* Elle s'était réellement souciée de ma femme. Elle était parvenue à voir que derrière moi se tient toute une chaîne discrète d'accompagnement dont je ne suis que le maillon visible, et sans laquelle je ne serais pas là, sans laquelle elle ne serait pas accompagnée de la sorte. Et elle avait ainsi su dire, à travers moi, sa gratitude à cet ensemble de personnes. À mon retour, je m'étais précipité pour transmettre ces remerciements à Patricia qui en fut touchée.

Le grand crâne de Madeleine est désormais chauve à l'exception d'une bande de cheveux ras qui le parcourt dans la longueur, à la façon d'une crête d'Iroquois. Cela lui donne un aspect carrément cocasse avec sa chemise de nuit à fleurs. L'infirmière m'a dit qu'elle avait reçu beaucoup de visites (sa fille) aujourd'hui et qu'elle était fatiguée. Mais elle m'accueille avec joie.

Elle est visiblement transformée. Elle ne présente plus cette sourde angoisse que je lui ai vue la semaine dernière. Comme je m'en étonne, elle me répond que cela va beaucoup mieux depuis qu'elle peut rire de ce qui lui arrive. Je trouve cela extraordinaire : *rire de sa maladie ?* Comment a-t-elle pu en arriver là ? « En découvrant que je ne pouvais plus rien faire contre elle, me confie-t-elle. Quelque chose a alors lâché. » Sans doute les nouveaux médicaments antidouleur qu'on lui administre y sont aussi pour quelque chose puisqu'elle a passé une partie de sa matinée un peu confuse. Cela ne l'a pas empêchée de se rendre compte que son frère et sa fille se jetaient des regards complices, comme pour se dire : « Elle débloque. » Je sens qu'il y a un chemin parcouru et je le lui dis. Un chemin vers plus d'acceptation. Elle semble en douter un peu.

Elle me parle de ce livre *Passagère du silence*[101] qui raconte l'histoire mystérieuse de Fabienne Verdier, cette jeune femme occidentale qui vécut de longues années en Chine pour y apprendre inlassablement, à travers la calligraphie, la pureté de l'« unique trait de pinceau ». À chaque page qu'elle lisait, Madeleine croyait comprendre l'expérience intérieure que cette femme vivait dans cette pratique, et à la page suivante, elle mesurait qu'elle n'en avait en fait rien compris. Sinon que derrière ces exercices inlassablement répétés se tient le vide, mais pas forcément le néant. Et ça, ça l'intrigue beaucoup. Ces propos à l'unisson de sa trajectoire incertaine m'émeuvent. Lorsqu'elle m'interroge, je lui réponds ici et maintenant, que le réel est dans l'instant, pas dans ce qui se tient après.

Mais sa hantise est de souffrir à nouveau. « J'ai passé des nuits à souffrir comme une bête, allongée sur le carrelage à ne rien pouvoir faire d'autre qu'attendre le prochain élancement, la prochaine lame qui me tailladerait les entrailles. Et la suivante. Et la suivante encore.

Des nuits à ne plus pouvoir respirer, à craindre d'inspirer tant chaque souffle venait réveiller ces lames. À haleter pour ne pas avoir à respirer. Pourquoi la souffrance ? Oui, pourquoi la souffrance ? » soupire-t-elle. Il me semble que cette question absorbe toutes les questions du monde, même celle de la mort. Elle revient à la fin de vie de Jean-Paul II qui l'a fortement ébranlée : « Pourquoi c'est homme n'a-t-il pas fui la souffrance ? Qu'y a-t-il découvert ? » Elle me dit qu'en cela, l'exemple du Christ est unique : « Là où les autres philosophies, croyances nous promettent une vie heureuse si nous pratiquons quelques exercices, le Christ est le seul "Dieu" qui, sans désirer cette souffrance qui se tenait sur son chemin, ne s'en est cependant pas détourné alors qu'il le pouvait. Pourquoi ? »

Cette femme, qui rejette avec la dernière véhémence Dieu, s'interroge et cherche encore avec la dernière ardeur. Elle mobilise toutes ses maigres forces et se tend tout entière, éperdue, vers l'Énigme. Elle se demande si on doit faire la distinction entre la souffrance qui résulte de nos choix et de nos modes de vie, celle qu'on peut peut-être éviter en anticipant, en adoptant un mode de vie plus sain, celle qu'on peut aussi soulager par une thérapeutique appropriée… et la souffrance qui vient à nous, qui nous saisit sans raison, qui nous bouscule, nous déroute, nous projette ailleurs, nous convoque au dépassement ou nous condamne au terrassement. Y a-t-il une brèche dans ce mur de la souffrance, qui serait ouverture vers l'*autre*, une sortie de soi, une souffrance initiatique en sorte ? La souffrance, on peut chimiquement la faire taire, mais peut-on la tuer sans se tuer ? J'assiste en direct, muet, sonné, à cette vertigineuse plongée dans la question du sens. Mais sa hantise de souffrir est trop forte. Elle n'en veut plus, elle n'en peut plus. Depuis les nuits d'horreur qu'elle a passées à souffrir le martyre, elle ne veut plus souffrir. « Plus jamais ! »

Après quelques instants, butant sur ce mystère de la souffrance, elle me dit cette chose stupéfiante : « Au bout d'un moment, il n'y a que le silence. Il n'y a en moi que du silence. » Je la laisse calmement venir et elle me décrit ce silence comme paisible, habité. « Il ne s'agit pas d'un vide. Il n'est pas terrifiant. Non ! Il s'agit plutôt d'un plein, mais d'un plein silencieux. »

Elle découvre alors qu'elle se détache de ses proches, mais sans cesser de les aimer. Là où notre culture et notre éducation nous enseignent que pour aimer, il faut être proche, voire posséder, elle, elle fait l'expérience douce et tranquille de ce qu'elle finit par nommer le « détachement aimant » : « Je ne cesse de les aimer, tellement si vous saviez, mais il nous faut maintenant nous séparer. Comprendront-ils ? Je n'en sais rien, je n'y peux plus rien. Et cela n'est pas le plus important d'ailleurs… » Là où Mme Élague disait, non sans s'en faire le reproche : « Je ne pense qu'à moi désormais. Ce n'est pas bien, hein ? », Madeleine Lebeau semble avoir touché, avec ce détachement aimant, à quelque chose d'un autre ordre qui laisse songeur. On parle parfois d'égoïsme pour certains mourants tournés vers eux. Je crois plutôt qu'il s'agit pour ceux qui font ce chemin, de parvenir à se détacher sans cesser d'aimer, de découvrir une manière d'aimer vraiment libre, non possessive : un amour ni captif ni captivant. Cette femme, pour ce que je peux en juger, dans son agonie, a appris quelque chose de l'ordre de l'amour. Ce ne fut pas sans peine. Quel chemin parcouru, là, sous mes yeux. Il n'y aura pas d'autre accompagnement ce soir… Je rentre me fondre dans mon lit et laisser cette révélation faire son chemin en moi.

À mon arrivée la semaine suivante, l'infirmière m'annonce : « Il va y avoir du travail ce soir. » Mme Lebeau sourit avec une certaine lassitude quand elle m'accueille. Demain elle part pour l'île de Ré. Elle n'en peut plus d'ennui. « Les repas sont mauvais », dit-elle, alors qu'elle les trouvait jusqu'ici excellents. Elle en a marre de tout. Nous échangeons des choses assez générales. Elle souffre à nouveau de douleurs au ventre, dans la zone du diaphragme. Cela l'épuise et explique peut-être que nous n'entrons pas dans des partages aussi personnels que les fois précédentes. Peut-être aussi a-t-elle été au bout de ce qu'elle avait à partager. Je croise son fils, arrivé la veille des États-Unis. Il semble joyeux. C'est lui qui l'emmènera à Ré, demain. Avant de partir, dans le couloir, des larmes dans les yeux, il avoue secrètement sa difficulté à voir sa mère ainsi. « Nous avons perdu notre père à l'âge de deux ans », me confie-t-il… Il me dit qu'il est dur de perdre. Je lui glisse qu'il est dur d'apprendre à laisser partir, ce qui n'est pas la même chose. Il semble avoir entendu quelque chose. Je pars. Adieu, Madeleine…

Quelques mois plus tard, je quitte mon bureau et je vais déjeuner dans ce café du boulevard Saint-Germain où j'ai mes habitudes. Devant la table qu'on me désigne dans l'entrée, j'hésite à en demander une autre plus tranquille. Que n'aurais-je fait ?

À mes côtés se tiennent un homme âgé et une jeune fille d'environ seize ans. Je sors mes documents pour travailler à ma thèse tout en ingurgitant mon tartare. Le ton de la fille est profond. Il résonne à mon oreille. Elle parle de maladie, d'hôpital, de sa grand-mère, de son absence. Elle parle de deuil. Ne voulant pas écouter aux portes, je m'efforce de me concentrer sur mes documents. Pourtant mon oreille accroche ici et là des mots, « soins palliatifs », « hôpital »…puis : « Notre-Dame… comment déjà ?

– Notre-Dame du Lac », lui répond l'homme.

Et là, tout s'éclaire. Le visage de cette fille, je le connais. Pas de doute. Blonde, belle, saine. Je l'ai déjà vue en photo. Mais j'ai besoin de m'en assurer. Je tremble un peu. J'interviens pour leur dire que j'ai surpris quelque chose de leur conversation. L'homme s'excuse aussitôt, craignant d'avoir été envahissant. Je leur demande leur nom et je les sens sur la réserve. Pour les rassurer, je leur explique que j'interviens à Notre-Dame du Lac et je leur demande s'ils ne parlent pas de Mme Lebeau. Et aussitôt, tout s'éclaire pour eux aussi. Il y a là son second mari et sa petite-fille Olympe, dont elle était si fière. Elle leur a beaucoup parlé de moi. Elle se demandait (comme tant de malades) ce que je venais faire là. Elle leur a beaucoup dit le bien que lui faisaient mes visites. Et à moi, elle m'a tant parlé d'eux… Et nous parlons d'elle. Je les écoute et je leur livre quelques informations, en particulier son lent cheminement vers quelque chose qui s'approche de la foi (son mari fut très contrarié qu'elle refuse le sacrement des malades). À Olympe, je dis les égards de sa grand-mère à la préserver ainsi que sa sœur et son frère plus jeunes. Je leur parle un peu de sa quête, de ses questions, de son exigence, de ses découvertes, de sa route chaotique vers ce « silence plein », vers ce « détachement aimant »… Nous reconnaissons tous que cette rencontre n'est pas fortuite et nous pleurons ensemble. Des larmes de joie.

VI.

Accompagner la souffrance spirituelle

Dans le contexte contemporain de l'homme moderne, en lien virtuel permanent avec le monde et ses antipodes, mais en manque cruel de lien réel avec soi et avec l'autre, l'accompagnement qui en soi rétablit du lien, et tel qu'il se pratique désormais de manière précise à l'égard des malades, est-il susceptible de constituer une réponse adaptée à cette souffrance spirituelle ?

La première question qui vient à l'esprit est : pourquoi accompagner la souffrance spirituelle ? La réponse se justifie d'abord à l'égard de la personne, ne serait-ce que pour ne pas la laisser seule, livrée à ses tourments. Selon le psychanalyste Michel de M'Uzan, le mourant attend « qu'on ne se soustraie pas à cette relation, à cet engagement réciproque qu'il propose presque secrètement, parfois à son insu[102] ». Mais elle semble également désormais se justifier à un niveau collectif, et requérir de disposer de repères communs pour la pratique.

En effet, après l'avoir validée dans son principe sans en avoir, semble-t-il, mesuré pleinement toutes les conséquences sociales et politiques, la société se retrouve en quelque sorte contrainte par la théorie du Dr Saunders sur la souffrance globale et ses quatre composantes, et tenue de l'explorer davantage. Mais si le soulagement de la souffrance globale est une obligation de santé publique, et si l'on admet que la souffrance spirituelle est l'élément de fond – transversal – de cette souffrance globale ainsi que j'ai tenté de le montrer, alors il est bien de notre devoir d'apporter, face à cette nouvelle approche, une réponse engageante et engagée qui ne soit pas seulement théorique mais qui réponde concrètement au besoin réel et global du malade. Le droit à l'accompagnement de la souffrance globale ne fait-il pas naître corrélativement un *devoir d'accompagner* cette souffrance, y compris jusque dans sa dimension spirituelle ? Le « droit à l'accompagnement » prévu par la loi de 1999 ne constitue cependant pas ce que les juristes appellent un « droit positif » qui obligerait l'administration à l'organiser, sous peine de sanction. Il s'agit d'une obligation simple à faire en sorte qu'il n'y soit pas fait obstacle, à le rendre possible en toutes circonstances. S'il y a un devoir d'accompagner, il s'agit d'un devoir non au sens juridique, mais au sens moral. Ce devoir d'accompagner ne doit-il pas pourtant faire l'objet de recherches tant sur le terrain que dans l'agitation des idées pour en définir les contours ? Perspective à la fois audacieuse et dérangeante.

L'OMS valide l'idée générale d'un accompagnement portant également sur le spirituel (elle reconnaît la nécessité d'un « soutien spirituel »). Cette vision est partagée par le Conseil de l'Europe pour qui le « soutien psychologique, spirituel et émotionnel » (on mesure le haut degré d'imprécision d'une telle formule), à côté des autres formes de soutien, constitue bien un des « aspects essentiels » des soins palliatifs[103]. Mais globalement, si la doctrine s'accorde sur le principe général d'un droit à l'accompagnement également dans le domaine de la souffrance spirituelle, elle ne s'aventure pas à en dire plus. Il s'agit d'un terrain miné sur lequel ni l'administration ni les associations ne veulent s'engager ouvertement. Ce n'est que récemment que cette question semble avoir trouvé sa pleine légitimité chez les professionnels, notamment avec la tenue du congrès de la SFAP en 2007 sur le thème « Compétence clinique et dimension spirituelle : l'homme au cœur des soins » qui a osé placer cette question au centre de l'activité soignante. À défaut d'apporter toutes les réponses espérées, ce congrès, principal événement annuel de la vie palliative française, est venu au moins attester de la pertinence de la question pour des soignants qui sont à la fois en quête des meilleures pratiques, mais également en quête de sens dans leur activité soignante. Il fallait une certaine audace pour s'emparer d'un thème longtemps resté tabou. Mais cette réflexion demande à émerger, il est désormais manifeste que de plus en plus de soignants ne veulent plus se laisser enfermer par la seule technicité de l'acte médical. Ils veulent lui donner de la profondeur, de l'humanité en tenant compte de la dimension spirituelle, dans ce milieu résolument laïque qu'est l'hôpital.

À qui incombe cet accompagnement ?

Cette question est de première importance dans la mesure où tout accompagnement mobilise nécessairement un accompagnant, l'engage et l'expose à un risque. Dans le cas de la souffrance spirituelle, on en vient immédiatement à se demander, non sans perplexité, qui pourrait être en charge d'un tel accompagnement.

Dans la représentation traditionnelle de la souffrance globale*, la souffrance spirituelle semblait devoir relever presque exclusivement des religieux, plus rarement des philosophes, qui ne sont plus les praticiens qu'ils étaient dans l'Antiquité. Mais, comme nous l'avons vu dans le chapitre précédent, il faut étendre le spirituel au-delà de son domaine traditionnel**, jusqu'à lui conférer une dimension transversale. Étant établi que le besoin spirituel est essentiellement relationnel, il en résulte qu'il transcende nécessairement les catégories et les disciplines professionnelles. Si le religieux est donc tout dési-

---

* Cf. figures des p. 109 et 110.

** Cf. figures p. 176 et 177.

gné pour pratiquer un accompagnement spécifiquement religieux d'une souffrance « existentielle », qui donc serait habilité à pratiquer un accompagnement plus globalement spirituel ? Au sein d'une équipe, personne ne saurait se prétendre propriétaire de cette question, personne ne peut se prétendre le spécialiste de la relation et encore moins de la rencontre. Il nous faut alors oser penser l'accompagnement spirituel d'une manière laïque qui ne ferait pas d'ailleurs concurrence à un accompagnement à proprement parler « religieux ». L'enjeu n'est pas concurrentiel. Il est de répondre à la demande d'un être humain mourant qui peut préférer, pour des raisons qui ne se discutent pas, la proximité civile d'un compagnon de route laïque à celle, religieuse, d'un guide consacré. Nos choix de société ne nous imposent-ils pas maintenant de rechercher les moyens d'y répondre ?

Par extension, la question de la souffrance spirituelle, débordant le cadre de la seule fin de vie pour concerner plus largement (le plus souvent sur fond de crise) toute situation de vie, *son accompagnement incombe à chacun d'entre nous, homme et femme de bonne volonté*, dès lors qu'il est saisi de questions de cet ordre et qu'il choisit de ne pas s'y dérober. Cela nous concerne donc tous, dans nos rapports avec celui qui meurt mais également avec nos parents, nos enfants, nos amis, nos partenaires professionnels, un inconnu qui nous hèle et auprès duquel on consent à s'arrêter un instant… Il s'agit d'une question de très grande portée, qui dépasse les circonstances particulières de la maladie ou de la fin de vie pour toucher à toutes les relations que l'homme entretient avec *son* humanité et avec l'humanité tout entière.

Dans le champ des soins palliatifs, qui constitue ici notre lieu privilégié d'observation, l'accompagnement de la souffrance spirituelle devrait donc se représenter désormais ainsi.

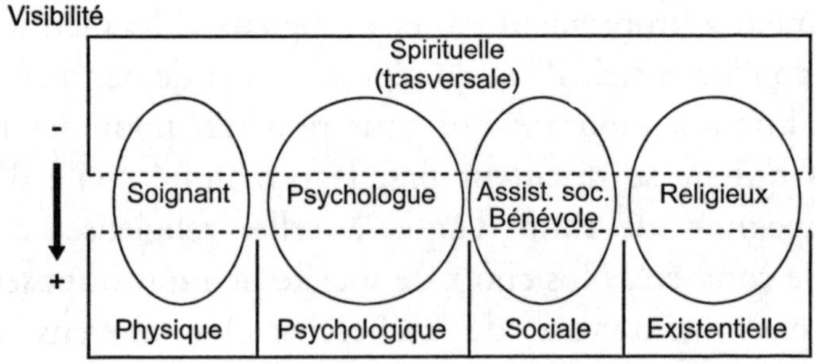

Les cinq dimensions de la souffrance globale

Il résulte de cette représentation que chacun est *responsable* de la souffrance spirituelle d'autrui, en ce sens qu'il est invité, au cœur même de son propre champ de compétence, non seulement à *répondre à* un appel, mais également à *répondre de* cet appel. Chacun doit s'y sentir naturellement autorisé en raison même de son appartenance au genre humain et son aptitude à créer ou recréer du lien, à travers des gestes *investis d'une qualité de présence à l'autre,* démontrant mieux que les mots la solidarité et l'amitié au sens fort (*philia*).

Notons au passage que le Vatican reconnaît pareillement que l'accompagnement spirituel incombe aussi aux soignants et ne relève pas de la compétence exclusive des clercs : « Le contrôle de la douleur, ainsi que l'accompagnement humain, psychologique et spirituel des patients sont donc des devoirs qui reviennent au médecin et au personnel de la santé et sont aussi nobles et essentiels que les interventions thérapeutiques. Il est donc nécessaire d'accomplir un plus grand effort dans la préparation et la formation des agents de la santé, en particulier des jeunes, afin qu'ils sachent accomplir ces tâches difficiles avec la compétence humaine et professionnelle qui convient[104]. »

Ayant pressenti très tôt cette transversalité du spirituel dans l'accompagnement qui vient transcender les clivages disciplinaires traditionnels, Emmanuel Hirsch s'interroge : « À quelles conversions intellectuelles ou spirituelles nous trouvons-nous ainsi confrontés[105] ? » Il en vient même à parler de l'accompagnement comme d'une « métaphysique en acte », ce qui constitue une expression forte. Cette représentation de la souffrance spirituelle comme souffrance d'arrière-fond vient bousculer nos représentations jusque-là bien clivées et plutôt rassurantes. Dans le contexte actuel, la perspective de l'accompagnement spirituel par un non-religieux est une perspective dérangeante pour beaucoup. Invitant à changer de paradigme et à poser de nouveaux repères collectifs, elle mobilise inévitablement des forces adverses de résistance ou d'inertie. Quoi qu'il en soit, peut-on et doit-on laisser les malades en l'espèce livrés à eux-mêmes alors même que la loi garantit désormais leur droit à l'accompagnement ? Cette souffrance est-elle moins légitime que les autres pour que l'on renonce à la prendre en charge ? Ou, à l'inverse, l'est-elle trop pour que l'on s'en saisisse ?

Cette représentation ouvre sans doute sur des perspectives sociales importantes. Elle appelle cependant très vite une précision d'ordre pratique sur la manière d'accompagner la souffrance spirituelle, afin d'éviter que cet accompagnement ne s'égare dans des approximations ou des élans personnels qui pourraient abîmer un patient déjà très vulnérable et souvent influençable.

L'accompagnement : une notion qui se précise

Quand on les interroge, la plupart des accompagnants se déclarent, de manière intuitive, peu ou prou concernés par la souffrance spirituelle, mais ils déplorent d'être aussi démunis en termes d'outils tant conceptuels que pratiques pour y répondre. Tous mesurent qu'il ne suffit pas de faire globalement preuve d'humanité pour accompagner la souffrance spirituelle d'un autre. L'accompagnement est une posture particulière qui engage de manière très pratique. Il doit donc pouvoir reposer sur des gestes, des attitudes autant que sur un état d'esprit. Mais lesquels ?

« Accompagner » est un mot extrêmement commun

dans la langue française. Il s'utilise de manière quotidienne pour décrire des situations très ordinaires. « Tu m'accompagnes à la gare ? » demande-t-on à un ami, comme un service ou pour prolonger le plaisir. « Tu ne trouves pas que ce vin accompagne particulièrement bien ce plat ? » s'enquiert-on dans certains moments gourmands. « Et là, le violon reprend et il accompagne divinement le piano... », s'extasie-t-on dans d'autres moments plus lyriques.

On constate cependant que depuis quelques décennies, ce mot parfaitement ordinaire désigne de plus en plus des postures professionnelles spécifiques. Le thérapeute désormais accompagne ses patients, le professeur ses élèves, le Samu social les sans-abri, le Pôle emploi les chômeurs, le consultant ses clients, le curé ses ouailles, etc. L'accompagnement ne relève donc plus de la seule bonne volonté et fait assurément référence à des savoir-faire et à des compétences précises, mais de toute évidence très diverses. En matière palliative, on l'a vu, le droit à l'accompagnement est prévu par la loi mais curieusement celle ci se garde d'en définir le contenu.

Le mot « accompagnement » procède étymologiquement de la conjonction de trois mots latins, *ad-cum-panem,* qui signifient littéralement « vers-avec-pain ». L'accompagnement peut donc se définir comme une action tendue vers un certain but (*ad*), mise en œuvre pour et avec une autre personne (*cum*), et mobilisant (voire produisant) une substance qui constitue une ressource (*panem*). À l'origine, l'accent était mis sur l'aspect *panem* à travers le savoir partagé (les compagnons-bâtisseurs), voire la nourriture partagée (les « co-pains »). À mesure que la relation d'accompagnement s'est professionnalisée et étendue à de nombreux secteurs, l'accent s'est déplacé sur le *ad,* sur le but poursuivi à travers l'accompagnement, au point de devenir désormais le critère premier de cette relation. Si on offre aujourd'hui un accompagnement scolaire à son fils, c'est bien d'abord pour que les notes progressent… Il s'ensuit que les relations traditionnelles d'accompagnement (éducative ou thérapeutique) ont été considérablement réorientées, au cours des dernières décennies, vers *plus de résultat, au détriment de la relation.*

C'est sans doute ce qui explique que le troisième aspect, *cum*, qui a longtemps été considéré comme allant de soi (puisqu'il faut bien être deux pour aider ou pour guider), n'a pas été exploré suffisamment pour lui-même par les spécialistes de la question et qu'il tend même à devenir de plus en plus négligé : la relation n'est guère plus aujourd'hui considérée qu'en tant qu'elle *sert le but.* Or il me semble que c'est justement ce « avec » qui est l'élément central, le pivot de cette notion d'accompagnement, et lui donne sa véritable profondeur et sa pleine ambition. Il est vrai que cela invite à définir, au-delà de l'apparente trivialité de ce mot, ce que c'est réellement qu'être *avec* quelqu'un, et qu'on peut comprendre que cette question, pour peu qu'on s'y attelle honnêtement, vienne provoquer bien des vertiges et susciter bien des résistances en raison de ce à quoi elle engage.

J'ai fait un soir une bien singulière expérience de la manière d'être *avec* un malade. C'était un jeune homme chez qui une obscure maladie provoquait d'impressionnantes crises de convulsions proches de l'épilepsie. Ce soir-là, ses yeux roulaient, ses jambes se secouaient frénétiquement et ses bras battaient violemment l'air, dans des moulinets désordonnés, au risque de se blesser. Ailleurs, on l'aurait sans doute attaché avec des sangles pour le protéger de lui-même. Ici, dans cette unité de soins palliatifs, on s'efforce de faire autrement. J'ai saisi ses mains mais, bien que malade, il était encore très fort. Alors, j'ai laissé mes mains qui faisaient corps avec les siennes danser dans des tourbillons périlleux, prenant seulement garde qu'il ne se blesse pas. Les soignants lui administrèrent un calmant et quinze minutes après, la danse s'apaisa. J'étais épuisé, fourbu d'avoir livré un tel combat. Un combat *avec* lui, *contre* sa maladie. Quand je repense à cet épisode, l'image qui me vient spontanément est celle de cette peinture saisissante de Delacroix que l'on ne devrait pas manquer d'admirer à l'église Saint-Sulpice de Paris : le *Combat de Jacob avec l'ange*. Cet ange mystérieux, diaphane, si viril avec sa musculature puissante et si féminin avec sa robe mauve et son regard doux, presque androgyne, qui accueille l'assaut furieux de Jacob, lequel se rue en avant de toutes ses forces pour le repousser. Jacob a déjà déposé armes et bagages au sol. Il est presque nu, démuni. Comme ce jeune homme ce soir, il ne lui reste que ses poings, sa rage, sa violence intérieure qui s'incarne dans ses moulinets furieux. Jacob croit lutter contre l'ange, en réalité il lutte contre lui-même. Et l'ange lutte *avec* Jacob, pour Jacob, et l'accompagne ainsi dans ses batailles internes.

Je repense aussi à ces deux doigts joints que M. Medjaoui tendait vers Annie pour illustrer notre entente* et je m'interroge : qu'est-ce véritablement qu'« être avec » ? Si banale qu'elle soit en apparence, cette interrogation devient pourtant, quand on la ramène à des situations concrètes, une des questions les plus vertigineuses, et même les plus éthiques qui soient. C'est l'éternelle question de *moi* et de l'*autre* et de la nature réelle du lien entre les deux. Le plus souvent dans une relation, fût-elle d'amitié, il y a un suiveur et un suivi, un maître et un élève, voire un guide et un disciple, un qui sait et un qui veut apprendre, un qui donne et un qui prend, même si ces positions évoluent et peuvent s'inverser selon les époques et selon les domaines. Au mieux, chacun est tour à tour entraîneur et entraîné, et c'est à cette économie globale que la relation est le plus souvent ramenée. Une relation d'intérêt, fût-il mutuel, chargée d'attentes et d'intentions. Beaucoup de nos relations, même amicales, même amoureuses, sont placées sous le signe du don ou de l'échange,

* Cf. « Témoignage : premières fois ».

du donnant-donnant, qu'il s'apprécie aussitôt ou sur la durée. La relation singulière et silencieuse qui s'était tissée entre M. Medjaoui et moi échappait également à l'ordre de l'intérêt pour toucher plus précisément à celui de la saveur. N'est-ce pas justement parce que nous avions été contraints, lui et moi, de nous tenir au-delà des projets et des projections que nous avions pu atteindre à cette qualité de la relation, par-delà les mots et par-delà le silence ? N'est-ce pas secrètement ce à quoi chacun d'entre nous aspire ? Parce que nous n'avions pas cherché à ce que cette relation soit exceptionnelle, elle avait pu le devenir *par elle-même*. Elle avait pu se laisser vivre, hors des murs de notre volonté, délivrée de nos intentions et de nos ambitions. C'est ainsi qu'elle avait sans doute pu se montrer la plus vivifiante, et produire ainsi ses pleins effets, cette saveur spéciale, au-delà de toute prédiction.

Des repères d'origine religieuse

Le père Terlinden, qui s'est spécialisé sur les questions d'accompagnement spirituel, met en garde : « Comprendre profondément ce qu'autorise cet accompagnement, dans une tradition religieuse ou non, est en soi une exigence professionnelle[106]. » Ainsi, accompagner s'apprend, même dans ce domaine complexe et si mal défini.

L'accompagnement est largement défini de manière

positive (lutte contre la douleur, aide psychologique). Mais en matière spirituelle, il l'est plutôt de manière négative (absence de prosélytisme). L'accompagnant peut-il éthiquement, moralement se cacher derrière la prétendue neutralité de sa fonction, sans contredire l'esprit même de l'accompagnement qui repose sur la sincérité entre deux êtres et l'acceptation du risque de la relation ? Il ne s'agit bien entendu pas de provoquer ni de susciter dans la relation d'accompagnement un besoin spirituel qui n'existerait pas. Toutes les précautions doivent être prises pour éviter de telles dérives. L'enjeu est de savoir simplement ne pas se dérober quand et si la question surgit et d'être préparé à l'accueillir voire, en cas de demande ou de signe, à y répondre modestement et honnêtement, c'est-à-dire d'une manière qui ne soit ni abstraite ni dogmatique. Comment dès lors définir l'accompagnement en matière spirituelle de manière positive (en acte et non en abstention) ?

Pendant des siècles, c'est le paradigme chrétien qui dictait la manière d'accompagner les mourants dans leur cheminement pensé de manière exclusivement spirituelle. La posture était alors très directive et focalisée sur le but : la fin de vie préparait le passage vers l'au-delà et faisait l'objet d'une « publicité » particulière. Il fallait alors aider le mourant à mettre son âme en accord avec Dieu et tout était soumis à cette perspective absolue. Seul comptait le salut. Accompagner alors, c'était guider et cette tâche incombait en premier lieu aux clercs. Aujourd'hui, la société a changé et les représentations avec elle. Accompagner un mourant ne s'inscrit plus tout à fait dans les mêmes perspectives et ne mobilise plus tout à fait les mêmes gestes. Pour autant, doit-on, au prétexte que la société s'est sécularisée, jeter au feu toute la doctrine religieuse en matière d'accompagnement de la fin de vie ?

Un jeune prêtre catholique, à la formation encore fraîche mais aux responsabilités déjà très concrètes, me confiait un jour n'avoir reçu au séminaire aucune instruction concernant l'accompagnement des mourants, en dehors de ce qui concerne l'administration des sacrements, comme si le reste pouvait relever du seul bon sens. Il regrettait que l'Église ne l'y ait pas préparé davantage, ce qui le conduisait en pratique à être trop livré à lui-même face à une tâche aussi sensible et complexe. Surpris, j'ai alors interrogé de nombreux hommes d'Église, prêtres, moines, religieuses, qui m'ont régulièrement confirmé ce propos, m'invitant même à venir leur faire un exposé sur la fin de vie, ses conditions et ses gestes. Cela confirme en substance les propos de Philippe Ariès qui écrivait que « pendant les dernières décennies, c'est la mort elle-même, les fins dernières, l'au-delà, le Ciel, le Purgatoire… qui ont disparu du discours des hommes d'Église alors qu'ils en avaient été les thèmes les plus répétés[107] ». L'évacuation de la mort, qui touche l'ensemble de la société, a-t-elle également gagné la religion catholique ? En pratique, les prêtres continuent d'être sollicités pour les funérailles, mais sans doute moins pour l'accompagnement de la fin de vie.

Les pratiques actuelles d'accompagnement des mourants ont été façonnées au cours du XXe siècle en grande partie par des congrégations religieuses qui se dédient à cette tâche. À partir de 1840, bien avant l'« invention » des soins palliatifs, alors que la science médicale s'imposait au détriment de la religion dans une société qui devenait de plus en plus matérialiste et individualiste, de nouvelles congrégations religieuses apparurent ayant pour ambition de venir au secours des plus grands déshérités de la modernité : les malades incurables. Elles inaugurèrent, en grande discrétion, un tournant dans l'aide aux mourants en se consacrant d'abord au soulagement des souffrances et à l'accueil sans jugement. La notion d'accompagnement se façonna alors peu à peu autrement en prenant lentement une forme plus fraternelle que paternelle. La compassion ou la charité semblaient dès lors primer sur le salut. Ce sont par exemple les diaconesses de Reuilly (protestantes) fondées en 1841 ou encore, plus tard, les oblates de l'Eucharistie, fondées en 1946. Les dames du Calvaire créées par Jeanne Garnier en 1842 ne sont pas à proprement parler une congrégation mais une association qui déclare se situer exactement dans la voie éthique de l'Église catholique. Ces organisations confessionnelles administrent encore aujourd'hui, dans le cadre d'une délégation de service public, de nombreuses maisons de fin de vie. Or ce sont précisément les maisons qui sont le plus souvent citées en référence à l'ensemble du mouvement des soins palliatifs, parce que c'est encore là que s'élaborent, dans un professionnalisme exemplaire, certaines des « meilleures pratiques » (maison médicale Jeanne-Garnier de Paris, hôpital Diaconesses-Croix Saint-Simon de Paris, maison Claire-Demeure à Versailles, maison médicale Notre-Dame du Lac de Rueil-Malmaison ainsi que de nombreux autres établissements en France).

Ce sont dans ces maisons pionnières, qui existaient bien avant la création du Saint Christopher Hospice de Londres (1967) ou même celle de la première unité de soins palliatifs française (1987), que se sont lentement, méthodiquement opérées les profondes évolutions dans les pratiques de l'accompagnement. Il ne leur est pas assez souvent rendu hommage alors que les méthodes actuelles de l'accompagnement leur sont en grande partie dues. Ainsi, dès 1946, bien avant la position de Pie XII sur la souffrance (1957), le doyen de la faculté de théologie de Paris, le père Jules Lebreton, prenait une position ferme dans un courrier adressé aux oblates de l'Eucharistie : « Vous n'avez pas le droit de laisser souffrir ; il vous arrivera peut-être de prendre un risque pour soulager, mais vous devez soulager ; vous ne devez jamais faire un geste ayant pour but de donner la mort ; vous n'avez pas à prolonger anormalement la vie ; il peut arriver d'avoir à essayer de prolonger un peu un malade qui doit mettre ses affaires en ordre, qui attend un membre de sa famille éloigné ; si vous prolongez anormalement un malade augmentant ainsi sa souffrance et que ce malade se révolte, vous serez devant Dieu responsables de sa révolte[108]. » Étonnante actualité de ces propos qui sont parfaitement en phase (hormis l'évocation de Dieu) avec les recommandations professionnelles actuelles.

Dans leur livre-témoignage, loin de tout dogmatisme, au plus près de leur expérience, les oblates écrivent à propos des malades : « Ce dont ils ont le plus besoin, c'est d'être accueillis, reconnus, tels qu'ils sont là où ils en sont et que nous cheminions avec eux pas à pas, au rythme de chacun, pour que chacun puisse aller au bout de son propre chemin. Ce qui requiert avant tout humilité, authenticité, spontanéité, souplesse, générosité, ouverture d'esprit, accueil de la différence, écoute empathique, capacité à soutenir les silences, et souvent, acceptation de ne pouvoir rien faire[109]. » On mesure l'étendue du chemin intellectuel et spirituel parcouru en quelques décennies à peine…

La tradition orthodoxe, quoique nettement moins présente en France et en Europe occidentale, semble avoir pour sa part conservé vivace et actualisé un art ancien d'accompagner les mourants sous le joli nom de « dormition ». Ce terme, qui décrit dans la théologie l'assomption de la Vierge Marie, illustre que le mourant est appelé à entrer dans son repos et signifie que là où une partie de l'être s'endort, une autre s'éveille. La dormition est une doctrine d'accompagnement du mourant avant son trépas. Elle nous est rapportée par le prêtre orthodoxe Jean-Yves Leloup[110]. Une évocation rapide de cet « art » peut permettre de mettre en évidence la pertinence actuelle des recommandations qu'il véhicule.

Cette tradition identifie sept attitudes attendues de l'accompagnant : la compassion, l'invocation ou l'évocation, l'onction, l'écoute, la bénédiction et le pardon, la communion, la contemplation. En dehors des rituels explicitement religieux (onction, absolution, communion), la dormition propose des recommandations très concrètes dont nous ne reprenons ici que les principales.

Ces recommandations insistent d'abord sur l'intériorité de l'accompagnant : celui-ci est invité, avant d'entrer dans la chambre, à s'accorder « un temps de préparation et de silence, d'ouverture du cœur à ce qui en lui est plus grand que lui. Cela demande un certain recul, un moment d'apaisement, de dégagement à l'égard des savoirs appris et acquis, une disponibilité au moment présent, à la personne telle qu'elle est en cet instant. Il n'y a pas de discours à préparer ou d'attitude. Il n'y a pas d'"attitudes justes" à l'égard d'une personne qui souffre, seulement une attitude qui "s'ajuste", qui s'accorde. Cela suppose de la personne accompagnante une certaine humilité et maturité : "être capable d'écouter, sans angoisse, l'angoisse de l'autre" ; être en paix avec la conscience de sa propre condition mortelle pour qu'une "transfusion de sérénité" devienne possible. »

Le vocabulaire, comme l'attitude prescrite, sont singulièrement contemporains : « Il ne s'agit en aucun cas de forcer un aveu, mais de "permettre" à ce qui n'a peut-être jamais été dit, avoué ou reconnu, de se dire. [...] L'accompagnant devrait être ici rempli de patience et de miséricorde, capable de tout entendre et en même temps de tout oublier. Surtout, il n'aura pas à juger, quels que soient les références morales et les présupposés anthropologiques qui sont les siens. »

Les temps explicitement religieux doivent pouvoir être complétés par des attitudes qui lui font écho. Ainsi l'eucharistie, moment central dans la tradition chrétienne, peut être complétée, en résonance, par une attitude de « communion » : « Les accompagnateurs qui ne sont pas "prêtres validement ordonnés par une institution particulière" n'ont pas à se priver de ce moment essentiel de "communion" avec le malade qui leur est cher. Une coupe de champagne, un verre d'eau, ou simplement un gant de toilette imbibé d'un parfum ou d'une eau de Cologne rafraîchissante, l'écoute d'une musique douce ou sacrée, une étreinte légère de la main peuvent être des moments de communion profonde. »

Enfin, « l'accompagnant ne quitte pas immédiatement la personne accompagnée, il partage son silence et sa contemplation (selon les pratiques qui lui sont propres : chapelet, prière du cœur...). Pour ceux qui le désirent ou le peuvent, cette contemplation peut se prolonger en veillée. Au cours de cette veillée seront lus des textes choisis soit par la personne accompagnée, soit par sa famille. [...] Ainsi s'achève le rituel de la dormition ».

Actualisée et ajustée aux besoins et à la culture des malades d'aujourd'hui, la dormition, telle qu'elle nous est rapportée par Jean-Yves Leloup, constitue un véritable manuel moderne d'accompagnement du mourant à l'intention des accompagnants, religieux ou non. Elle associe à une visée spécifiquement religieuse et transcendantale une approche psychologique très « rogiérienne* » et il s'agit, comme nous l'avons vu, d'une approche particulièrement respectueuse de l'accompagné et de ses croyances.

Autre culture, autre tradition ancestrale encore en vigueur, le *Bardo-Thödol* est le livre tibétain traditionnel des morts. Ce texte remonte à l'époque de Padmasambhava, fondateur du bouddhisme au Tibet (VIIIe siècle), et a été transmis a priori sans altération et sans interruption. Comme la plupart des textes antiques, à l'image du *Livre des morts égyptiens*, le *Bardo Thödol* s'attache plus à décrire l'expérience de l'âme du mort que celle du mourant, dans la perspective bouddhiste du cycle des vies, de renaissance en renaissance (*samsâra*). Il s'agit donc essentiellement d'un texte consacré au devenir des morts qui, de ce fait, déborde notre questionnement. Les aspects relatifs aux représentations de la vie et de la mort et au sort de l'âme présentent des particularités culturelles et spirituelles propres au bouddhisme vajrayâna qui le rendent plutôt hermétique

* De Carl Rogers (1902-1987), l'inventeur en psychologie de ce qu'on appelle l'« approche centrée sur la personne ».

dans le contexte occidental. Il est donc peu vraisemblable que ce livre soit sur ces points pleinement assimilé en Occident.

La version qui a été publiée en 1980 sous le titre *Le Livre tibétain de la vie et de la mort* par Sogyal Rimpoché est à elle seule une curiosité[111]. Sans cesse rééditée, elle figure constamment en tête des ventes (plus d'un demi-million d'exemplaires vendus) et on en trouve un exemplaire dans quasiment chaque bibliothèque de soins palliatifs. Ce succès vient révéler une France manifestement de plus en plus sensible à la philosophie générale du bouddhisme, mais probablement peu au fait de ses subtilités philosophiques et de ses exigences profondes. Les spécialistes tiennent pourtant le bouddhisme pour la quatrième ou cinquième religion en nombre estimé de pratiquants[112]. Sogyal Rimpoché, un authentique lama tibétain, exilé du Tibet après l'occupation chinoise au début des années 1970, nous propose une lecture à la fois plus actualisée et plus pratique de la tradition tibétaine. Sans omettre les aspects philosophiques propres au bouddhisme tibétain, ni les pratiques spécifiques à l'égard des défunts, le livre consacre plusieurs pages à l'accompagnement des mourants proprement dit. Ses conseils généraux en la matière, présentés dans un vocabulaire très actuel, sont plus accessibles que les développements théoriques et expliquent en grande partie le succès de ce traité qui est sans doute l'ouvrage religieux qui a le plus contribué à façonner une pratique occidentale et moderne de l'accompagnement. Nous nous y arrêterons donc plus longuement[113].

Dans la tradition bouddhiste, l'accompagnement des mourants vise autant que possible à soulager les souffrances, en particulier celles liées à la culpabilité. Il se situe résolument au-delà des clivages confessionnels en préconisant un absolu respect pour les convictions religieuses du mourant, fût-il non bouddhiste. L'accompagnant cherche à faciliter la voie « vers une mort paisible », en tendant vers un but qui n'est cependant pas un impératif. Il est une route *vers*, sachant que le but ne sera qu'éventuellement atteint. D'emblée, la voie bouddhiste est celle d'une inclinaison vers, mais également d'un *détachement du résultat*.

Dans cette voie, l'accompagnement repose largement sur la capacité à « témoigner d'un amour inconditionnel » qui ne réclame cependant pas de capacité surhumaine (« Soyez naturel, soyez vous-même, soyez un ami véritable ») ; il suppose au contraire de se mettre pleinement au niveau de l'autre. Pour cette tâche, dont il reconnaît qu'elle n'est cependant pas toujours aisée, l'auteur recommande d'adopter la pratique bouddhiste qui consiste à se mettre à la place d'autrui. Il donne deux conseils : « Considérez cette personne qui est là devant vous comme s'il s'agissait de vous-même : elle a les mêmes besoins, le même désir fondamental de connaître le bonheur et d'éviter la souffrance, la même solitude, la même peur de l'inconnu, les mêmes zones secrètes de tristesse, les mêmes sentiments d'impuissance à peine avoués. Si vous faites réellement cela, vous verrez votre cœur s'ouvrir à l'autre et l'amour sera présent en vous. » Deuxième conseil : « Imaginez-vous vous-même sur ce lit, confronté à votre propre mort. Imaginez que vous êtes là seul et que vous souffrez. Posez-vous alors vraiment ces questions : de quoi aurais-je le plus besoin ? Qu'est-ce qui me ferait le plus plaisir, qu'aimerais-je vraiment recevoir de l'ami en face de moi ? Si vous faites ces deux pratiques, vous découvrirez sans doute que ce que la personne mourante désire est ce que *vous-même* vous désireriez le plus : être réellement aimé et accepté. »

Pour établir la confiance, qui est la base de tout accompagnement, l'auteur émet quelques recommandations : « Apprenez à écouter, apprenez à recevoir en silence, dans ce silence calme et ouvert qui leur permettra de se sentir acceptés. Restez aussi détendu que possible, soyez à l'aise ; demeurez ainsi auprès de votre ami ou de votre parent, comme si vous n'aviez rien de plus important ni de plus agréable à faire. [...] Parfois, vous pouvez être tenté de prêcher votre propre foi ou de proposer au mourant votre idéologie spirituelle. Écartez absolument cette tentation, surtout si vous avez le sentiment que ce n'est pas ce qu'il veut ! Nul ne peut être sauvé par la croyance de quelqu'un d'autre. Rappelez-vous que votre tâche n'est pas de convertir qui que ce soit, mais d'aider la personne en face de vous à découvrir en elle sa force, sa confiance, sa foi, sa spiritualité propres, quelles qu'elles soient. »

Il préconise également de ne pas censurer les émotions du malade, ce qui nécessite pour l'accompagnant de commencer par être au clair avec les siennes. En ce sens, l'accompagnement des mourants sert également à l'édification des accompagnants eux-mêmes et constitue pour eux une véritable expérience spirituelle : « Je pense parfois qu'assister les mourants est peut-être l'une des manières les plus efficaces d'accélérer notre croissance en tant qu'êtres humains. »

On peut parfois se demander, à la lecture de ces propos, si l'accompagnement ainsi décrit ne se situerait pas plus dans le registre de la psychologie et de la philosophie que du spirituel. Les conseils sont de bon sens et assez simples, mais peuvent parfois évoquer davantage le « développement personnel » ou un parcours de sagesse que la vie spirituelle, même si les frontières entre ces différents registres demeurent incertaines. Ce qui permet de qualifier l'approche bouddhiste de véritablement spirituelle, c'est d'abord la découverte et l'expérience de la compassion : « Apprendre réellement à aider ceux qui vont mourir, c'est commencer à nous libérer de nos craintes et à devenir responsables de notre propre mort. C'est également trouver en nous le germe d'une compassion sans limite que nous n'avions peut-être jamais soupçonnée. » La compassion, au sens religieux du terme (et non dans son sens commun, mou et appauvri d'une certaine pitié distanciée) est cette capacité à *communier* aux souffrances d'un être, sans pour autant les éprouver personnellement. Cela va au-delà de l'empathie prônée par les psychologues et qui consiste à se mettre au diapason du patient pour mieux comprendre ses émotions et ses souffrances. Les deux notions, quoique proches, ne se confondent cependant pas. L'empathie vise à comprendre pour ensuite tenter de soulager ; c'est en quelque sorte un outil diagnostique et thérapeutique. La compassion vise à partager, pour signifier la fin d'une solitude, mais ne prétend pas soulager ; elle est un élan du cœur, pas un procédé relationnel.

Cette approche est également spirituelle (au sens que nous avons précédemment donné à ce mot), en raison de la *prédominance accordée à la relation vraie* (par une présence investie) et à la réconciliation (la réconciliation intérieure du mourant étant facilitée par la réconciliation intérieure de l'accompagnant) : « La qualité de votre présence à ce moment d'extrême vulnérabilité est d'une importance cruciale.[…] Si vous ressentez une angoisse ou une peur intenses et ne savez que faire, reconnaissez-le ouvertement en en parlant à la personne et en lui demandant son aide. Cette franchise vous rapprochera et permettra une communication plus libre entre vous. » Ces rétablissements du lien (relation et réconciliation) s'accompagnent paradoxalement d'un *travail de détachement* qui constitue également un travail de nature spirituelle (ainsi que le témoignage précédent de Mme Lebeau l'illustre). L'accompagnant doit aussi apprendre à se détacher de la personne en train de mourir : « Ce n'est pas seulement celui qui meurt qui doit abandonner tout attachement, mais également sa famille. » La tradition bouddhiste illustre donc bien cette posture subtile et paradoxale entre lien et détachement qui justifie l'emploi du mot « art » à la fois dans l'œuvre de mourir et dans la manière de l'accompagner.

À travers cette rapide évocation des quelques traditions religieuses, on mesure que la notion d'accompagnement appliquée aux mourants, qui s'est affirmée en France à partir du milieu des années 1980, tire sa substance initiale de divers milieux religieux avant de se laïciser. Ces pratiques n'ont plus tant à voir avec le dogme ou le rituel de la religion qu'avec leur cœur, leur esprit.

Des repères désormais laïques

On dispose aujourd'hui sur l'accompagnement d'une littérature riche qui décrit abondamment les attitudes prescrites et celles qui sont proscrites. Ces attitudes ont un double fondement, à la fois religieux, ainsi qu'on vient de le voir, et psychologique (l'« approche centrée sur la personne » de Carl Rogers notamment), et on note l'étonnante convergence de l'ensemble des recommandations, inaugurant un véritable art laïque d'accompagner les mourants. L'accompagnement de la souffrance spirituelle ne se réduisant évidemment pas à l'administration de Prozac, on doit pouvoir pratiquement prendre appui sur quelques repères.

De plus, les attitudes « soignantes » ne sont pas forcément naturelles pour chacun. Sur fond d'une certaine prédisposition, elles s'acquièrent, se développent et s'encadrent. Aussi y a-t-il des formations sur chacun de ces aspects de la pratique pour aider les accompagnants à les mettre en œuvre de plus en plus naturellement, et des groupes de parole réguliers permettent d'en vérifier la bonne application. Ces formations théoriques et pratiques sont hélas plus suivies par les bénévoles (pour lesquels c'est même une obligation légale) que par les soignants (qui manquent trop souvent de temps), mais elles présentent un très grand intérêt pour tous ceux qui accompagnent. De la sorte, on attend aujourd'hui des accompagnants, même quand ils sont bénévoles, qu'ils développent des techniques de « savoir être » qui étaient jusqu'à présent réservées aux professionnels de la relation, et notamment les psychologues.

Grâce à l'accompagnement, il devient possible de poser des repères laïques sur les conduites à tenir quand une personne se trouve confrontée au dévoilement de l'intimité d'une autre. Or c'est justement ce rapport à l'intime, ainsi que je le signalais en introduction, qui est si mal appréhendé dans notre société mal à l'aise et maladroite. Comment faire en sorte de ne pas être désemparé quand l'accompagnement nous entraîne sur les terres intimes de l'autre ?

Le silence qui constitue le quotidien du malade nous plonge au cœur de l'intime. La personne souffrante est confrontée à des choses indicibles. Qu'elle les évacue dans un torrent de mots ou qu'elle les retienne dans un silence lourd, il nous faut savoir quand écouter (le plus souvent) et quand parler (parfois). Face à une question, il faut d'abord s'assurer qu'elle nous est bien adressée. Il faut ensuite souvent se retenir d'y répondre pour la laisser faire son chemin. C'est d'abord l'écoute qui est la véritable clé de l'*entendement* et de l'*entente*. C'est par l'écoute que la relation s'installe. Car c'est dans le silence que l'être se révèle le mieux, à lui-même et à l'autre. C'est le silence qui est l'écrin de sa nudité et de son humanité. Notre société nous intime le bavardage, mais qui nous apprend le message souvent silencieux où l'être ne se dit pas seulement par la bouche mais par la main et par les yeux ? Tout commence par l'écoute et tout y revient, toujours.

Le regard aussi est un des modes très fins d'accès à l'intime. Mais comment faire en sorte que ce regard ne devienne pas scrutation, qu'il ne devienne pas trop pénétrant, inquisiteur, un regard-bistouri, traversant trop vite la personne, passant à travers elle sans s'arrêter sur chacune de ces fines couches qui la constituent pourtant ? Et comment faire en sorte qu'il soit suffisamment profond toutefois pour traduire l'intérêt réel pour l'autre, l'attention réelle à l'autre dans tous les voiles de sa complexité ? Cela suppose de poser sur la personne un *second regard* qui ne s'arrête pas à ses apparences, qui ne la survole ni ne la dévisage. « Je ne pouvais être sauvé que par un regard d'amour », s'exclame la Bête à la Belle à la fin du film de Cocteau. Ce regardlà s'acquiert avec beaucoup d'attention mais aussi un peu de formation.

Le toucher est un mode de relation à l'autre plus intime encore, particulièrement gênant dans les sociétés occidentales où on s'empresse de s'excuser dès qu'on s'est frôlés par mégarde. Chacun sait depuis sa plus tendre enfance à quel point le toucher peut être bienfaisant ou blessant. La main peut effleurer, caresser, *donner*. Elle peut aussi saisir, serrer, *prendre*. Elle peut encore accueillir, héberger, *recevoir*. La main dit la *réalité* de notre rapport à l'autre, totalement absent, délicatement présent ou carrément envahissant. Prendre une main, cela ne se fait pas n'importe comment car ce geste, en apparence anodin, est pourtant tellement signifiant. Particulièrement en fin de vie où la sensibilité est exacerbée et où le mourant perçoit souvent les choses plus finement. Alors, comment faire en sorte que la main, comme le regard, dise la tendresse et le respect sans dire ni l'emprise ni l'indifférence ?

La nudité est un autre mode d'accès à l'intime. À l'hôpital elle est banale et le malade, après des mois de suivi médical, ne vit plus toujours sa nudité exposée sur son lit comme une atteinte à sa pudeur. Il s'est habitué à voir les soignants entrer sans prévenir, lui faire sa toilette intime, le retourner, parler sans gêne autour de son corps exposé. Je suis encore surpris quand certains malades ne se cachent plus devant moi. Ils pensent que j'appartiens à l'équipe et ne se doutent pas que, venant de l'extérieur et arrivé depuis quelques minutes seulement dans l'hôpital, je puisse être quelque part bousculé et gêné par leur nudité. La nudité ne fait pas, comme pour eux, partie de la banalité de mon quotidien. Respecter la nudité de l'autre sans être gêné par elle, cela aussi s'apprend.

Une amie bénévole s'interrogeait un jour : « Qui suis-je pour oser ainsi aller à la rencontre de l'intimité de l'autre ? Si j'étais malade, accepterais-je cette intrusion ? » Salutaire question qu'il nous faut revisiter à l'heure des grands déballages médiatiques, des grandes exhibitions télévisuelles notamment autour de la maladie. Mais on peut à l'inverse se demander : « Qui serais-je si je me dérobais devant l'intimité de l'autre ? »

La frontière de l'intime est fluctuante. Elle est, comme toute relation, à revisiter constamment, jamais acquise, jamais sûre. C'est une véritable responsabilité éthique que de vérifier *à chaque fois* où se situe là, maintenant, la lisière. On peut s'en assurer auprès du malade par une parole sincère : « Est-ce que ça vous gêne si je reste ? Est-ce que je n'appuie pas trop fort ? Est-ce que mes paroles ne vous dérangent pas ?... » L'accompagnement en tant que « distance intime[114] », expression que je préfère à celle plus froide et plus technique de « juste distance », est à ce prix.

L'ensemble des sources insistent sur le fait que l'accompagnement doit demeurer une *réponse* faisant suite à une interpellation du malade, une réponse à une demande qu'il ne s'agit pas de susciter ni de devancer. Il n'est pas dans le rôle de l'accompagnant de faire naître une souffrance par des questions trop intrusives. Mais il n'est pas non plus dans son rôle de se dérober et de se défausser par peur d'être pris en défaut. Soulignons enfin que l'accompagnant n'a pas davantage le devoir d'apporter une réponse s'il n'en possède pas. Reconnaître son ignorance sur certaines questions complexes est aussi une manière d'accompagner.

D'un point de vue éthique, la vulnérabilité du patient devrait nous inciter à retenir nos élans, à ne pas nous précipiter dans la première brèche venue, de sorte que le malade puisse faire, accompagné et non influencé, un vrai chemin vers lui-même. La principale erreur en l'espèce est de s'imaginer qu'on peut soulager le malade de la souffrance spirituelle en lui apportant des réponses, *nos* réponses. Le plus souvent, le malade n'a que faire de nos réponses ; il cherche les siennes. Cicely Saunders rapporte qu'elle demanda un jour à un malade ce qu'il attendait de ceux qui tentaient de le soulager. Celui-ci lui répondit : « Que quelqu'un ait l'air d'essayer de me comprendre[115]. » Cet homme n'attendait pas qu'on le comprenne ; il devinait à quel point il était sans doute impossible de le rejoindre au cœur d'une épreuve personnelle qui déborde les mots. Il attendait seulement qu'on essaye de le comprendre, et même seulement qu'on lui donne le sentiment que quelqu'un essayait de le comprendre. Voilà un homme qui, dans son drame, se sentant tragiquement seul, incompris, à la fois pas entendu et exclu, mendiait *la possibilité de croire qu'il ne l'était pas tout à fait.* Avoir seulement l'air d'essayer… Se mettre à l'écoute, sans rien tenter d'autre.

Thérèse Vanier, quand elle définissait en 1976 les soins palliatifs comme « tout ce qui reste à faire quand on croit qu'il n'y a plus rien à faire[116] », ne visait évidemment pas l'attitude en forme d'abstention qui consiste à « avoir l'air », à « faire semblant ». L'accompagnement engage plus profondément que cela. Elle visait une forme d'agir modeste et non un retrait de soi. Elle visait certes les quelques gestes simples qui soulagent (la science palliative était alors embryonnaire), mais peut-être et surtout la possibilité de se rendre présent à l'autre et de le lui faire sentir.

VII.

Un acte en soi spirituel

La plupart des préceptes communément évoqués en matière d'accompagnement sont justes et précieux. Mais ils valent globalement pour toute souffrance d'ordre psychique. Or la souffrance spirituelle, nous l'avons dit, sollicite plus qu'une simple relation d'aide, plus qu'une prestation de services fût-elle compétente et bien ajustée. Elle appelle une relation d'une autre densité à travers la mise en présence mutuelle et sincère d'un soi et d'un autre : elle appelle une rencontre. Il en résulte que, dans le domaine spirituel, il est attendu de l'accompagnant bien plus qu'une compétence : *une aptitude à se rendre pleinement présent.*

Emmanuel Levinas distinguait le dire et le dit, l'acte et son contenu. « J'ai toujours distingué en effet dans le discours le dire et le dit. [...] Le dire, c'est le fait que devant le visage, je ne reste pas simplement là à le contempler, je lui réponds. Le dire est une manière de saluer autrui, mais saluer autrui, c'est déjà répondre de lui. Il est difficile de se taire devant quelqu'un ; cette difficulté a son fondement ultime dans cette signification propre du dire quel que soit le dit. Il faut parler de quelque chose, de la pluie et du beau temps, peu importe, mais parler, répondre à lui est déjà répondre de lui[117]. » Parler, c'est déjà se soucier de l'autre, lui signifier qu'on tente de prendre soin de lui.

S'aventurant plus loin et paraphrasant Levinas, le philosophe Bertrand Vergely s'amusait un jour dans une conférence à distinguer le dire et la manière de dire : « Il y a deux manières de dire "passe-moi le sel" : la manière brute (et abrupte), et la manière "extraordinaire", qui conduit celui auquel on s'est adressé à se dire, émerveillé : "On ne m'a jamais dit 'passe-moi le sel' comme ça"[118]. » Il en déduisait que le spirituel, puisque c'était l'objet de son propos, serait plus dans la manière de dire que dans le dire lui-même, dans la manière d'être qui vient véritablement signaler le fait d'être.

Je me souviens de ce malade qui, après m'avoir invité à m'asseoir, ferma les yeux et ne dit plus un mot. Régulièrement, toutes les dix minutes environ, il ouvrait un œil comme pour vérifier que j'étais encore là. Puis il retournait à lui-même. « Qu'attendez-vous de moi ? » lui demandai-je au bout d'un long moment. « J'attends que vous teniez bon » fut sa seule réponse avant de retourner à sa mystérieuse odyssée. Je compris alors qu'il se servait de moi comme d'une ancre, comme d'un fil d'Ariane qui le liait encore au réel et lui permettait cependant d'explorer, en sécurité, ses contrées incertaines. Après un temps, il me dit simplement : « Vous pouvez y aller. Je vous remercie. » En l'occurrence, il avait suffi d'être là. Mais pas n'importe comment. Il y a bien une manière d'être dans l'accompagnement.

Accompagner, c'est manifester qu'on est vraiment là soit par les mots, soit dans le silence. C'est une présence enracinée qui ne se laisse pas emporter dans les labyrinthes du malade, de peur de s'égarer avec lui. Accompagner, ce n'est pas être avec au risque de se perdre avec. C'est au contraire s'efforcer d'être un ancrage dans la réalité pour le malade, un havre où il peut de temps en temps venir se reposer.

Car le malade se hisse et s'effondre, se hisse et s'effondre… Sa souffrance l'attelle à l'instant. La maladie se vit au présent, s'endure au présent. L'accompagnement ne peut donc se vivre qu'au présent, débarrassé des réflexes, des savoirs et des projections. C'est pourquoi je préfère le terme « accompagnant » à celui d'« accompagnateur ». « Accompagnant » est un participe présent qui signe, avec justesse, l'engagement de participer, autant qu'il est possible, au présent de l'autre. Ainsi, même vis-à-vis de quelqu'un qu'il connaît déjà, l'accompagnant est toujours quelque part en situation de première fois, en situation d'inauguration. C'est son devoir, son éthique : oser rejoindre, pour un temps, le malade là où il se tient, ici et maintenant.

Il n'est alors pas exagéré de dire que l'accompagnement est un art du présent, et même un triple art du présent : *art d'être présent* (à l'autre), *art d'être au présent* (ici et maintenant), mais aussi *art d'être un présent* (au sens de cadeau, don de soi). Pour sa part, l'inestimable cadeau que peut faire le patient à l'accompagnant est de lui donner accès à son intimité. Ce cadeau doit pouvoir être repris à tout moment. C'est en se rendant présent, à soi, à l'autre, à la vie qui est là, qu'on accompagne vraiment.

En tant que triple art du présent, l'accompagnement échappe donc au projet et à la projection. Celui qui projette l'accompagnement, qui cherche à provoquer la rencontre sera inévitablement déçu. Il restera seul car la rencontre qu'on s'efforce de mettre en place est une relation d'intérêt. Or la rencontre se dérobe devant le calcul. Il ne suffit pas d'en avoir envie pour qu'elle s'opère. Elle ne se décrète pas, elle prend le plus souvent par surprise.

Si la rencontre échappe à la projection de soi, elle ne peut cependant s'opérer sans une certaine *exposition de soi*. Ne serait-ce que pour ne pas se dérober à l'autre qui cherche un *visage* (au sens où l'entendait Levinas), et à travers ce visage une présence, parfois une réponse. Mais pas n'importe quelle réponse. La rencontre n'est pas une relation thérapeutique qui vise un objectif et prévoit la mise en retrait du thérapeute, au prétexte de ne pas troubler la parole du malade. Elle ne peut jaillir quand l'un des deux s'en absente, s'efforçant de rester neutre, distancié, quand il cherche à protéger la relation ou à *se* protéger de la relation. La rencontre est un feu, un risque, un partage, une reconnaissance de personne à personne. Mais, garde, l'exposition de soi n'est pas exhibition de soi et il n'est pas toujours aisé de situer la frontière. L'autre n'est pas un faire-valoir, il n'est pas le public docile du spectacle de nos vantardises ou de nos névroses, ni le lieu de nos déversements intempestifs, ou alors il cesse d'être un autre pour ne devenir qu'un simple spectateur, ou pire un simple objet.

Accompagner, c'est parfois juste oser dire avec toute sa conscience : « Je suis là. » Sans rien ajouter, sans même vouloir soulager. Accompagner, serait-ce seulement savoir vraiment exprimer que je suis là ? N'est-ce pas un peu court ? Ou, à l'inverse, n'est-ce pas très présomptueux ? Certes, il est facile de dire : « Je suis là (matériellement là), dans ta chambre, assis *à côté* de toi. » C'est autre chose de savoir dire : « Je suis là (spirituellement là), *avec* toi. » Comment faire pour ne pas être le corps ici, mais le cœur et l'esprit ailleurs ?

Accompagner, c'est donc, au bout du compte, tenter d'*être avec*. S'agirait-il de se mettre devant pour guider, ou de se mettre derrière pour suivre, ou encore de se mettre à côté pour indiquer qu'on serait proche, cédant là encore aux intentions et aux projections ? Ni fusion ni confusion, être avec, c'est parvenir même un instant à se rejoindre sans préséance ni faux-semblant *au cœur de notre condition malgré la différence de nos situations.* Cela repose sur une manière d'être qui ne saurait être l'apanage exclusif d'aucun type d'intervenant et devrait pourtant être le souci de tous. « Je suis là », cette simple phrase, tellement dépouillée, tellement élémentaire, cette vraie présence en quelques mots, plonge au cœur de la souffrance spirituelle pour dire : « Non ! Tu n'es pas seul. Je suis là, impuissant, mais je suis là, *avec* toi. » Elle constitue, dans les moments critiques, un des baumes les plus bienfaisants qui soient. Que peut-on d'ailleurs répondre d'autre à un enfant qui s'éveille haletant et effrayé d'un cauchemar ? C'est une des plus hautes et pleines expressions de l'être humain, ce « Je suis là » qui se tient au plus près d'un « Je suis », dans une présence réconfortante, sans tension ni intention, qui laisse à l'autre l'espace pour se déposer ou, s'il le veut et s'il le peut encore, pour se déployer.

L'accompagnement est pleinement soin en ce qu'il est une des plus hautes manières de prendre soin. Il s'enracine dans des gestes et prend forme par eux : gestes soignants, gestes psychologiques, gestes rituels et symboliques, jusque dans la manière de tendre une main, de s'asseoir, d'écouter, de rester calme. L'*art du présent* n'est pas un art sublimé ; au contraire, il s'incarne dans le corps. À travers ce qu'il a à « faire », chacun, qu'il soit médecin, infirmière, aide-soignant, psychologue, kinésithérapeute, ostéopathe, assistante sociale, bénévole, mais aussi manucure, coiffeur, maquilleuse, garde-malade, lecteur…, partagera ou non ce qu'il « est ». En cela, l'accompagnement est plus que le *care*, ce concept anglo-saxon du « prendre soin » qui tend à se professionnaliser et à se spécialiser[119]. Il n'est plus seulement une activité, il devient un *plus* de l'activité, une manière d'être dans ce que l'on a à faire, un

« faire en étant » ou un « être en faisant » au choix. L'art d'accompagner est alors une *manière d'être dans une manière de faire* même si ce faire prend parfois l'apparence de l'immobilité. Le soin est littéralement tentative de reconstruction, de reconsolidation intérieure et extérieure. Il cherche à rétablir le sain, vise à la fin de la maladie – en latin *male habitus,* littéralement le fait d'avoir de mauvaises habitudes qu'on peut aussi lire comme le fait d'être « mal habité ». Le geste ne devient pleinement soin que dans la manière dont il est habité. Le soin repose donc sur ces *gestes habités* qui constituent la clé d'un possible partage de présence. Il ne devient total que dans ses effets de relation et de réunification, sa dimension spirituelle (*religare*) ; ou alors il n'est que matière du soin, fragment du soin. Même l'acte bien *attentionné* peut se révéler insuffisamment soignant s'il n'est pas suffisamment habité. Ce qui fait dire au pionnier des soins palliatifs, le Dr Maurice Abiven : « Les soins palliatifs, ici plus que partout ailleurs, font la démonstration qu'ils ne sont pleinement efficaces que dans un contexte d'amour du prochain (Cicely Saunders l'a bien montré dès le premier jour). La question que je me pose est alors celle-ci : comment cela peut-il être enseigné à la Faculté[120] ? »

Il y a dans l'accompagnement une très grande exigence de justesse – ni trop ni trop peu – qui en fait précisément une relation de haute voltige, exigeant une attention permanente, à soi et à l'autre, pour ne pas tomber. Et quand bien même on tomberait – car on tombe toujours –, remonter sur le fil et faire en sorte de ne pas retomber. Et avoir pour ses erreurs – car on ne cesse d'en faire – beaucoup de tolérance, voire de la tendresse. J'ai retenu la mise en garde de Patrice Van Eersel : « Il ne faut pas prétendre pouvoir accompagner[121]. » L'accompagnement est une vigilance permanente et une éthique au sens plein du mot[122]. Mais c'est d'abord un art du vivant, et donc un art très imparfait qui, de temps en temps pourtant, s'entrouvre fugitivement sur quelque chose de presque parfait.

Vivants jusqu'à la mort

J'ai perçu dès mon premier accompagnement, celui de M. Medjaoui, les limites mais aussi la force de l'accompagnement, qui procède précisément de ses limites. J'ai pu vite comprendre que si les malades m'acceptent comme compagnon de voyage bien que je sois impuissant, c'est peut-être précisément parce que je le suis ! Car face à un mourant, que peut-on faire, que peut-on dire ? J'ai pu comprendre que si la vertu première de l'accompagnement est bien de soulager autant que possible les souffrances, sa vertu seconde est de mettre tôt ou tard chacun en contact avec sa propre impuissance radicale, leur point de rencontre. C'est en effet une fois qu'il a touché ses propres limites, c'est-à-dire d'une certaine manière sa propre finitude, que le bien-portant peut espérer être *avec* un malade et se rendre *proche* de lui, lequel ne cesse de le précéder au quotidien sur cette voie. C'est à partir de cette découverte-là que peut véritablement se déployer l'accompagnement.

À ce stade, il n'y a plus tellement de différence de fond entre celui qui accompagne et celui qui est accompagné. Il n'y a plus que deux êtres humains qui cheminent ensemble, qui s'accompagnent mutuellement cahin-caha sur les chemins les plus abrupts de l'existence humaine. Avec leurs insuffisances certes, mais également avec leur persévérance, leur sens de la fidélité, leur sensibilité, leur amitié… À la différence de la relation d'assistance, l'accompagnement est une relation mutuelle qui conduit plus loin puisqu'elle propulse également vers soi.

Il faut être deux pour une rencontre, deux personnes disponibles et disposées à la rencontre. Une amie bénévole prenait une métaphore que je trouve précieuse pour imager l'accompagnement : « L'accompagnement, c'est comme un puits. Je suis sur un bord et le malade est sur l'autre. De temps en temps, il préfère rester en surface et je tente de m'y maintenir avec lui pour que nous restions ensemble. De temps en temps, je l'invite à descendre un peu plus bas, et parfois, il me suit. De temps en temps, c'est lui qui m'invite à descendre un peu plus bas, et parfois, je le suis. Il arrive que nous nous rencontrions tout au fond, là où sont les choses très secrètes. Et là, nous nous sentons tous deux vivants comme jamais. » À ce niveau, accompagner c'est donc descendre encore un peu plus bas pour entrer *dans le fond* de la relation, au plus près de l'incertitude. C'est tenter de *rejoindre* – beau mot qui signifie « joindre à nouveau, réunir » – l'autre là où il est et lui témoigner qu'on désire venir jusqu'à lui et être là. Belle preuve, non de pitié, mais d'amitié.

La première condition de la rencontre, c'est d'abord de ne pas s'y dérober, ce qui, dans les situations de fin de vie et dans le contexte d'une société qui bannit les faibles, les vieux et la mort, ne va pas de soi et demande l'audace de dépasser les pensées rétrécissantes. La seconde condition de la rencontre, c'est l'intime intuition que ce face-à-face avec l'autre tient aussi du rendez-vous avec soi et qu'il peut être réellement fécond de s'y risquer. Ces territoires intimes ne se gagnent pas cependant sans quelques efforts. Ce n'est pas toujours simple d'accompagner. Ou, plus exactement, ça devient très simple dès lors qu'on a accepté de faire tomber quelques résistances. Le reste semble alors couler de source.

C'est ce que, sans ménagement, je compris un jour auprès de ce monsieur. « Il ne veut pas que je le laisse. Du coup, il prend très mal votre venue », m'annonce d'emblée sa femme. Elle me suggère de m'installer au salon et de jeter régulièrement un œil sur son mari qui dort le plus clair de son temps. Il avait un anus artificiel, une poche collée sur son ventre qui se remplissait progressivement. « Veillez à ce qu'il ne l'arrache pas. Ça lui arrive parfois car elle le gratte », me dit-elle avant de sortir. Au bout d'une heure, ça empeste. Je découvre qu'il a arraché sa poche qui s'est déversée dans tout son lit. C'est une hécatombe. Sans un mot, il me fixe avec un air de défi semblant dire : « Tu vois ! Je suis dans la merde. Et toi, qui es-tu ? Jusqu'où peux-tu me rejoindre ? » Que faire ? Finalement, je décide, parce qu'il n'y a humainement pas d'autre option, de m'atteler à la tâche de le nettoyer, sans attendre le retour de sa femme. C'est rude, mais au fur et à mesure que je lave ce solide gaillard, je vois son regard s'adoucir, s'attendrir. Ce jour-là, parce que rien ne m'obligeait à venir le rejoindre jusque-là, nous sommes devenus *amis*.

Les gens qui se consacrent aux grands malades entendent tous la même litanie : « C'est formidable ce que vous faites ; moi, je ne pourrais pas... », phrase rituelle, phrase ambivalente qui en dit long – l'admiration sans doute, mais aussi la gêne, la peur, la tristesse, l'impuissance... une admiration d'ailleurs proportionnelle à la gêne. Ce « Moi, je ne pourrais pas... » trahit surtout l'ignorance, à commencer par l'ignorance de soi. Tant qu'on n'a pas essayé, on n'en sait rien. Absolument rien. Ce n'est qu'en essayant qu'on se découvre capable de choses insoupçonnées qui peuvent devenir de véritables révélations sur soi. L'histoire palliative est pleine de ces gens ordinaires, professionnels, bénévoles, parents, amis, voisins, etc., qui se sont transcendés, au-delà de toute prédiction, dans l'épreuve de l'accompagnement des personnes malades, et ont accompli des prodiges d'humanité dont ils ne se seraient jamais crus capables. Si la rencontre peut « déplacer les montagnes », c'est d'abord parce qu'elle déplace les murailles mentales. Le malade convoque à l'au-delà, à commencer par l'au-delà de nous-mêmes, c'est-à-dire au dépassement de nos peurs limitantes, et cela n'est jamais confortable. Mais il faut parfois être jeté dans l'eau pour découvrir qu'on sait déjà nager. Tant qu'il ne s'est pas risqué, l'être humain ignore largement qui il est.

Il est donc vrai – et on peut le dire sans fard ni fanfare – qu'accompagner des personnes si fragilisées est un acte formidable. Plus que les personnes elles-mêmes, c'est cette relation d'accompagnement qui est littéralement formidable, *extra-ordinaire*. Il est important, ici, de sortir d'un double piège : d'une part celui de l'image d'Épinal du noble bénévole, héros sacrificiel qui s'offre tout entier au chevet d'un « pauvre mourant » ; et celui, en sens inverse, de la fausse modestie de l'accompagnant qui prétendrait n'y être pour pas grand-chose. Il y a là deux travers d'une certaine idée de l'altruisme, la survalorisation de soi et la survalorisation de l'autre, qui dénaturent la réalité de l'accompagnement. En vérité l'accompagnement n'est ni altruiste ni égoïste : il est *mutuellement vivifiant*. Il possède une double utilité, et même une double fécondité : pour le malade, ça semble évident, mais aussi pour l'accompagnant, ce qu'on dit moins souvent.

Tous les accompagnants un peu sincères s'accordent à dire que cette relation est pour eux d'une richesse humaine exceptionnelle et que c'est cette richesse qui leur permet justement de renouveler chaque jour, chaque semaine leur engagement. C'est elle qui leur donne l'envie et la force de continuer. Tous vous diront qu'ils savent les trésors qu'ils reçoivent, mais qu'ils sont en revanche moins sûrs de ce qu'ils donnent. Étonnant renversement des représentations.

Pas si étonnant, à la vérité. Depuis Marcel Mauss et la publication en 1924 de son magistral *Essai sur le don*[123], on sait bien que le don pur n'existe pas et qu'il est nécessaire de lui apposer une contrepartie (le contre-don). Car s'il existait ici-bas un don pur et gratuit, il constituerait une violence telle qu'elle mettrait en péril la personne redevable, et avec elle le lien social tout entier. Il n'est pas bon que quiconque, et encore moins un mourant, se sente débiteur de quoi que ce soit. Tout ce qu'on fait *pour* lui l'oblige, lui fait ressentir avec cruauté la misère de sa condition, et cela soit l'accable, soit l'enrage. Être réduit à ne plus pouvoir rien faire pour les autres, en voilà une souffrance… Pour se sentir pleinement vivant, il faut non seulement être capable de recevoir, il faut aussi être capable de rendre. Il faut donc témoigner aux malades, autant qu'on le peut, qu'ils conservent, même rivés au lit, une capacité à agir autour d'eux, à infléchir des vies, à ouvrir des voies dans d'autres consciences. Leur fin de vie n'est ainsi pas vaine, et quand ils réalisent que leur impact est intact, on ne soupçonne pas à quel point ils peuvent en être réconfortés et reconnaissants, non pas de recevoir, mais de se découvrir *encore capables de donner.* C'est sans doute paradoxal de vouloir faire comprendre à un mourant qu'il peut encore susciter la vie. Mais *un mourant qui donne est un mourant vivant.*

Il faut donc veiller à ne pas répondre trop vite, comme si on s'excusait, à quelqu'un qui vous remercie : « Ce n'est rien. » Il faut mesurer la part de violence que peuvent contenir des propos retenus, en apparence bien polis et vertueux, comme « Ce n'est rien ». Comment réagissent le malade ou ses proches, pour qui notre visite, notre attention, notre présence comptent parfois tant et à qui on assène, l'air de rien : « Ce n'est rien » ? C'est un peu comme si on leur disait : « Vous savez, ce que vous vivez, ce n'est pas grand-chose. On ne va quand même pas en faire un plat. » Un « Ce n'est rien » lapidaire leur renvoie que l'on ne les rejoint pas vraiment puisqu'on ne semble pas mesurer ce que cette simple présence représente vraiment pour eux. Cela leur assène surtout qu'on ne prendra donc rien d'eux, que nous serons venus les poches pleines pour repartir les mains vides, en nous étant délestés de notre « générosité » sans rien recevoir de la leur. Il est tellement plus vrai de répondre simplement : « Ça compte aussi pour moi de venir vous voir », et si besoin d'expliquer un peu pourquoi. Si ça ne comptait pas, d'ailleurs, on ne viendrait pas ! Non, ce n'est pas rien, mais ce n'est pas héroïque pour autant. Le malade qui peut un peu mieux comprendre pourquoi on s'intéresse autant à lui et ce qu'on peut emporter de lui ne peut que mieux s'en porter, surtout quand une telle attitude peut d'autant plus laisser perplexe qu'elle ne va à première vue pas de soi. Permettre à un malade de prendre conscience qu'il demeure, du fond de son lit, réellement agissant, c'est lui permettre de retrouver un peu de la dignité qu'il *croyait* avoir perdue.

L'idée d'être grabataire, incontinent ou encore dément, de devenir un poids pour ceux qu'on aime, de leur infliger l'image d'un corps ou d'un esprit dégradé est aujourd'hui généralement vécue comme une perte de dignité. L'idée de dignité (du latin *dignus*, « valeur ») est dans le contexte contemporain intriquée à celle d'autonomie et à la conservation des capacités physiques et psychiques. *Je vaux par ce que je fais.* Dans une société toute tournée vers le corps, l'action et l'image, cette vision de la dignité peut culturellement s'expliquer. Mais elle est, d'un point de vue anthropologique, très relative et extraordinairement réductrice en ramenant l'homme à ses capacités fonctionnelles et à son apparence. Cette manière de penser, typiquement utilitariste, est pourtant invalidée par la philosophie classique qui considère que la dignité est le propre de l'homme, qu'elle est absolue et inaltérable. Pour Emmanuel Kant[124], seules les choses ont un prix. La dignité de l'homme est « sans degrés ni parties » : elle se situe donc hors *du* prix. Elle ne se mesure pas, ne s'évalue pas, ne dépend pas des aptitudes et de leurs variations. Dès lors, elle ne saurait se perdre. Complétant Kant, Hegel précise que ce qui peut se perdre, c'est seulement le *sentiment de dignité*[125].

J'ai maintes fois pu constater que le malade qu'on

maintient dans une position d'être souffrant, d'assisté ou de déchu, celui qu'on réduit avec condescendance à ses pertes et qu'on regarde comme s'il n'était plus que le fantôme de lui-même, finit par perdre pied et s'enfonce. À l'inverse, celui qu'on ose, malgré ses pertes, regarder comme un être encore humain, à jamais capable d'émouvoir, de se donner et d'aimer, garde pied et trouve la force de préserver son sentiment de dignité. S'il peut se perdre, ce sentiment de dignité peut donc aussi se retrouver.

Confrontés au sentiment d'avoir perdu leur dignité, certains en viennent parfois à préférer mourir plutôt que de continuer à vivre ainsi. Quand Mme Lebeau arriva à Notre-Dame du Lac, elle était encore à vif de ces nuits entières passées chez elle, seule à se tordre sur le carrelage de la salle de bains, doublement assaillie par la douleur et par l'angoisse. Quand elle en parlait, sa voix se brisait et des fantômes très vifs resurgissaient tout près… Elle se qualifiait elle-même d'« indigne » : elle ne se reconnaissait plus vraiment comme humaine, toute recroquevillée sur elle-même… À son arrivée, elle avait immédiatement demandé qu'on abrège délibérément ses jours, qu'on la délivre enfin. La conjugaison de cette douleur intenable et des souffrances morales qui se nourrissaient d'elle l'avait évidemment conduite à préférer la mort à cette agonie de « bête ». La compétence des médecins en était pourtant rapidement venue à bout, là où d'autres médecins avaient été tenus en échec. Nous mîmes en place un accompagnement en équipe attentif et attentionné qui la soutint dans sa découverte de ce bouleversant « détachement aimant » qui la libéra tant. Pendant les mois où elle resta là, jamais elle ne redemanda la « piqûre ». Les derniers temps, elle souhaita toutefois retourner sur l'île de Ré pour être en famille. Je sus plus tard en en parlant avec ses proches que les douleurs avaient alors repris (les médecins locaux s'étaient trouvés dépassés, incapables de les faire cesser) ainsi qu'une abyssale détresse intérieure. À la toute fin, épuisée et honteuse d'être continuellement dévastée, physiquement et psychiquement, elle avait imploré par des gestes explicites et insistants qu'on en finisse…

Alors je m'interroge : qu'est-ce qui avait permis de l'apaiser à Notre-Dame du Lac et pas dans sa maison de campagne ? Qu'est-ce qui lui avait fait retrouver un temps le sentiment de sa dignité avant de le perdre à nouveau ?…

Que fait-on quand on se met à penser, souvent trop vite, qu'il faudrait abréger les jours pour faire cesser les épreuves ? Est-il sage de clore le chemin avant de l'avoir laissé se dérouler jusqu'au bout ? Répondre par l'affirmative, c'est décréter par avance que demain n'apportera rien de bon, qu'il sera sans surprise, ou seulement empli de pire : la douleur, la perte de conscience, la dégradation, l'indignité, l'inhumanité. Mais que sait-on vraiment de demain ? C'est nier par avance que la vie réserve encore derrière le mur de l'épreuve, qui obscurcit la vision, des espaces de vie insoupçonnés, des horizons peut-être brefs mais riches et denses parfois comme jamais auparavant. C'est escamoter par anticipation tout un pan de vie qui surgira peut-être, ou pas. Mais ce dont on peut être sûr, c'est qu'en précipitant la mort, cette dernière vie-là perd toutes ses chances de surgir.

Car l'indignité n'est pas dans les êtres mais dans les attitudes. Elle n'est pas du côté des malades, comme une verrue qui se serait irrémédiablement fixée sur eux, les rendant à jamais abominables. Elle réside plus prosaïquement dans le fait de tolérer qu'autant de soignants demeurent si peu formés aux aspects essentiels des soins palliatifs, au soulagement de la douleur comme aux hautes exigences de l'accompagnement. Peut-on laisser à l'hôpital ou à la ville des espaces d'incompétence, voire d'inhumanité, qui font, *à coup sûr*, naître de telles demandes ? Il y a là vraiment de quoi *s'indigner*… Renoncer à *tout* mettre en œuvre pour préserver au mieux la qualité de vie des patients, c'est assurément créer des demandes de mort. Et répondre positivement à ces demandes, c'est priver définitivement le mourant et ceux qui l'accompagnent d'une chance de vivre encore, et parfois enfin. En revanche, mettre en œuvre des accompagnements *dignes de ce nom*, c'est encourager une vie qui s'éteint certes, mais qui n'a peut-être encore pas tout à fait dit son dernier mot, ni livré son dernier souffle.

En pratique, l'accompagnement est souvent fait de choses banales, toutes simples, et de beaucoup de patience, d'impuissance, de confiance et d'espérance.

Mais on a quelquefois l'impression d'assister, depuis notre strapontin, à la naissance d'un nouveau monde, un monde intérieur à peine visible sauf pour celui qui a de bons yeux. Et ce monde de l'autre nous parle tellement du nôtre. Le chemin de celui qui meurt est comme en écho du nôtre : ses questions, ses peurs et ses pleurs, ses audaces et ses découvertes sont aussi les nôtres. Recevoir en dépôt ces parts d'humanité la plus dépouillée, la plus vraie constitue pour celui qui accompagne la démonstration délicate qu'il est une personne *digne de confiance.* Le malade ne soupçonne sans doute pas le cadeau qu'il fait à celui auquel il s'ouvre sans crainte, à celui auquel il confie ses larmes et ses rires, ses questions et ses silences. Quelle plus grande marque de confiance que d'oser se tenir ainsi dévêtu à côté d'un étranger et de le voir se changer lentement en ami ? Parce qu'il est le dépositaire du mourant, celui qui accompagne contracte à son égard une *dette de vie.* Le malade en fin de vie nous bouleverse en ce qu'il nous émeut certes, mais également en ce qu'il nous *renverse* et nous met en route vers d'autres horizons de nous-mêmes. L'art de la rencontre, c'est aussi accepter d'être bouleversé sans être effondré, c'est s'ouvrir et s'offrir au partage.

Mais que devient cet art de la rencontre dans ces circonstances extrêmes où le partage semble impossible, face à des personnes figées dans un état où la relation est devenue quasi inexistante (pauci-relationnel ou coma) ? L'être humain qui ne répond plus est-il devenu une « non-personne humaine » selon l'expression de Hugo Tristam Engelhardt[126] ? Parce qu'il est privé de la parole, celle de la bouche mais aussi celle du corps, est-il *dégradé* comme un soldat peut l'être, exclu du groupe, exclu du genre ? Est-il devenu, de ce fait, privé des *qualités substantielles* de la personne ? Que devient le lien en situation de « mort relationnelle » ?

L'accompagnement s'organise habituellement autour de réactions, explicites ou plus subtiles, qui permettent de s'ajuster dans une quête permanente d'une plus grande justesse. Mais quand il n'y a pas de réaction, que faire ? Ne rien faire au risque de l'abandon ? Faire au risque de trop en faire ? À quoi se réduit l'accompagnement quand il est ainsi poussé dans ses ultimes retranchements ? Est-il vidé de sa substance ou seulement de certaines de ses voies ? *Quelle présence proposer face à l'absence ?* Peut-on vraiment s'engager dans une relation sans retour et quel peut être le fil éthique de l'accompagnement des sans-réponse ?

Pour éviter l'abîme de ces questions sans fond, il faut déjà partir du principe que ce n'est pas face à une absence, à un néant qu'on se trouve, mais face à une présence hélas incapable de s'exprimer. C'est ce que confirment en abondance les professionnels de la réanimation qui attestent que nombre de malades inertes continuent de ressentir ce qui se passe autour d'eux.

Faute de mieux, l'accompagnant est donc invité à une ultime audace : il est invité à faire le *pari de la présence*. Le pari qu'en osant déjà se rendre, autant qu'il est possible, pleinement présent à lui-même, en prenant le risque d'être vraiment là, en ce temps et en ce lieu aussi incongrus soient-ils, ce « très peu » produira des effets bienfaisants et réconfortants pour le malade. Cette présence peut s'incarner dans une caresse, dans une parole, dans un souffle, voire dans un silence. Des gestes et un silence eux aussi *habités*. C'est le pari qu'il suffit d'une seule présence pour dissiper la solitude, pour dissiper l'absence.

L'accompagnement de ceux qui ne peuvent répondre constitue une incroyable plongée dans le *avec* au-delà de tout retour. Il constitue sans doute la quintessence du *cum*, son aboutissement mais également son risque le plus grand. Il conduit à tenter d'être « avec » l'autre, jusque dans son immobilité, jusque dans son silence, et peut-être, grâce à l'autre, à oser, parfois pour la première fois, s'avancer profondément vers soi, *s'habiter et se laisser habiter*. Même a priori absent, il arrive ainsi que le malade conserve jusqu'au bout une *puissance* en suscitant mystérieusement chez ceux qui viennent à sa rencontre un étonnant surcroît de vie.

Un lien qui rend vivant

Nous pouvons maintenant oser l'idée qu'accompagner est en soi une attitude spirituelle. Non pas au sens religieux, puisque l'accompagnement ne se réfère à aucun culte, à aucune doctrine, à aucune connaissance théologique, à aucune explication symbolique du monde. Il n'est ni un discours ni une croyance. L'accompagnement n'est pas une nouvelle spiritualité, mais cela ne l'empêche pas, au contraire, d'être précisément une pratique spirituelle, une pratique *du* spirituel.

Une précision s'impose : il ne faut pas confondre accompagnement spirituel et accompagnement *du* spirituel. Dans l'accompagnement spirituel, il y a un accompagné, un accompagnant, et l'accompagnement vise à éclairer la foi et apparaît comme un possible remède à la souffrance spirituelle de l'être humain en ce qu'il peut permettre au malade de se relier et de se réconcilier. Dans l'accompagnement du spirituel, il y a deux personnes semblables, deux alter ego qui, en s'accompagnant mutuellement, s'unissent *dans* le spirituel, entité vivante, à la fois vivifiante et vivifiée. La souffrance spirituelle se donne alors à voir comme le prétexte à l'accompagnement, ce qui le fait advenir. En effet, si on accompagne au départ pour soulager, on découvre *en accompagnant* la joie vivifiante d'accompagner et d'être accompagné en retour, et la surprenante fécondité de ce lien qui s'initie dans les ombres d'une vie. On réalise ainsi que finalement la souffrance spirituelle n'a peut-être pas tant vocation à être soulagée (c'est-à-dire à disparaître) qu'à être *dévoilée* (pour faire naître).

Dit autrement, l'*altération* d'une personne (dans son double sens d'« être rendu autre », changé, blessé, mais aussi de « ce qui excite la soif ») crée un désordre qui appelle en toute logique une *désaltération*, littéralement la fin de l'altération en même temps que la satiété. On peut donc dire que le chemin qui mène réellement de l'altération (la souffrance) à la désaltération (la fin de la souffrance) passe plus par l'*altérité* (la rencontre et sa féconde mutualité) que par l'*altruisme* (et sa stérile unilatéralité).

Nous pouvons donc maintenant poser que *l'accompagnement est en propre spirituel*[127]. Il est spirituel en ce qu'il constitue un art du présent qui nous introduit dans un rapport au temps autrement plus subtil. S'affranchissant des projections et nous immergeant dans l'instant (on ne devrait parler que de *moments d'accompagnement*[128]), il permet une expérience instantanée de l'« au-delà ». Non pas cet au-delà des religions communément figuré comme un plus tard et un ailleurs, mais un au-delà ici et maintenant, plus intérieur, plus immanent, plus spirituel à travers la possibilité d'une rencontre fugace au parfum d'éternité. En nous plongeant en nous-mêmes et en l'autre au cœur d'une rencontre, l'accompagnement nous introduit dans cet « au-delà qui est au-dedans » selon le mot de Maurice Zundel. Il est alors spirituel en ce qu'il permet l'accès à un présent *hors du temps*, non pas l'*immortalité post mortem* à laquelle les théologiens destinent l'âme, mais l'*éternité ante-mortem* de l'esprit, dans l'instant, une éternité qui tient tout entière dans le pur moment de grâce d'une rencontre des êtres. L'accompagnement apparaît donc comme spirituel en ce qu'il constitue à la fois un *art d'être avec* qui nous introduit dans une communion, et un *art du présent* qui nous introduit dans une forme d'éternité. C'est sûrement ce qui faisait dire à René Claude Baud, un des pionniers de l'accompagnement de la fin de vie : « Je suis convaincu que l'accompagnement porte en lui-même une dimension mystique, en sa double capacité de lire l'invisible que l'autre veut bien manifester dans le visible, et d'exprimer sensiblement l'invisible de son cœur[129]. » Dans cette lecture, c'est alors un processus qui *relie en nourrissant* et qui *nourrit en reliant*.

Poussé à ce niveau de finesse et de délicatesse, l'accompagnement cesse d'être seulement un moyen de tenter de soulager les souffrances d'une personne. Il devient sa propre finalité, son propre enjeu. Il se justifie alors pour lui-même en ce qu'il constitue la chance d'une alliance pourtant destinée à être dénouée, la chance d'une communion pourtant vouée à la séparation. L'accompagnement se révèle être une authentique voie spirituelle en ce qu'il permet de faire enfin vivre en soi et autour de soi cette conscience d'être relié et cette joie de *se sentir vivant*. L'accompagnement, en tant que lien d'amitié sinon d'amour, est bel et bien le fascinant horizon de la souffrance spirituelle et même son véritable fruit. Et *le* spirituel à son tour est bien le fascinant horizon de l'accompagnement.

Le spirituel est vu dans ce cas non comme un but à atteindre mais comme un *état* continuellement présent où la relation d'accompagnement, mutuellement habitée, est la vie elle-même, circulant sans cesse entre tout ce qui est vivant, c'est-à-dire empli de vie. Au bout du compte, on n'accompagne pas pour soulager, on accompagne simplement pour accompagner, pour le seul bonheur de goûter à ce lien vivifiant. On accompagne parce qu'on aime, on accompagne pour aimer. Accompagner, c'est aimer la vie, passionnément.

Notes

1. L'ASP fondatrice fut créée en 1984. C'est une des premières associations de soins palliatifs de France. Elle est apolitique et non confessionnelle. Elle s'est dotée d'une charte et n'intervient, en application de la loi, que dans les établissements avec lesquels elle a signé une convention. Elle est également habilitée à représenter les usagers du système de santé.

2. Frossard A., *Dieu existe, je l'ai rencontré*, Fayard, 1976.

3. On estime aujourd'hui, en ce qui concerne tout au moins la religion historique et majoritaire, que les catholiques ne représenteraient guère plus que 51 % de la population contre 67 % en 1994, et les catholiques pratiquants hebdomadaires à peine 8 % contre 13 % en 1988 et 37 % en 1948. Source : (CSA-*Le Monde des religions*, 2007).

4. Sogyal Rimpoché, *Le Livre tibétain de la vie et de la mort*, La Table ronde, 2003, p. 288.

5. Hirsch E., Sicard D., *Le Devoir de non-abandon, pour une éthique hospitalière du soin*, Cerf, 2004.

6. Gauchet M., *Un monde désenchanté ?*, Pocket, 2007 ; Maffesoli M., *Le Réechantement du monde, une éthique pour notre temps*, La Table ronde, 2007.

7. M'Uzan M. de, « Le travail du trépas », in *De l'art à la mort*, Gallimard, 1977.

8. Les données analysées par le CEPIDC (INSERM) établissent que 57 % des décès surviennent à l'hôpital, 10 % dans des maisons de retraite, 27 % à domicile et près de 6 % dans d'autres lieux (essentiellement sur la voie publique). Ces chiffres sont relativement stables sur les vingt dernières années (données 2010).

9. En 2011, l'espérance de vie à la naissance continue à progresser sur le même rythme que depuis le début des années 1970. Elle s'établit à 84,8 ans pour les femmes et à 78,2 ans pour les hommes. Depuis 1994, les gains moyens d'espérance de vie sont de trois mois par an pour les hommes et deux mois par an pour les femmes. Source : INSEE.

10. In Oblates de l'Eucharistie, *Un autre goût de la vie*, Cerf, coll. « Signatures », 1996, préface.

11. Conseil économique, social et environnemental (CESE), « L'accompagnement des personnes en fin de vie », avis du 24 février 1999, p. 14.

12. Geschwind H., *Aspects de la spiritualité en médecine palliative : son rôle dans la pratique des soignants,* thèse de sociologie (dir. D. Hervieu-Léger), EHESS, 2004.

13. Dudoit E. « Du savoir sur soi à la connaissance de soi, du chemin de l'expérience à celui de l'amoureux », in *Actes du 9e congrès national de la Société française d'accompagnement et de soins palliatifs (SFAP),* 2003, p. 239 et s.

14. Cyprien de Carthage, Ambroise de Milan, *Le Chrétien devant la mort*, préface de Philippe Ariès, Desclée de Brouwer, coll. « Les pères dans la foi », 1980.

15. M'Uzan M de, « Le travail du trépas », *op. cit.*

16. Kübler-Ross E., *les Derniers Instants de la vie*, Genève, Labor et Fides, 1975.

17. Leloup J.-Y., *Le Livre des morts, tibétain, égyptien, chrétien,* Albin Michel, 1997.

18. Ariès Ph., *Essais sur l'histoire de la mort en Occident du Moyen Âge à nos jours,* Points Seuil, 1977.

19. Ariès Ph., *L'Homme devant la mort : la mort ensauvagée*, Seuil, 1985.

20. Elias N., *La Solitude des mourants*, Christian Bourgois, 1987.

21. Selon cette étude, 11 % uniquement des personnes faisant partie de l'échantillon étaient seules à la fin de leur vie. Les autres sont mortes entourées soit par un soignant (66 %), soit par un proche (34 %). En outre, au cours du dernier mois de leur vie, 90 % d'entre elles ont reçu la visite de leur famille et 94 % ont fait l'objet d'un suivi médical. Lors de leur dernière semaine de vie, 73 % des personnes ont reçu la visite d'un proche, famille ou amis. Observatoire national de la fin de vie (ONFV), *Fin de vie : un premier état des lieux*, Documentation française, 2011, p. 41 et s., disponible sur http://ONFV.org et sur http://www.ladocumentationfrancaise.fr/rapports-publics/124000093/index.shtml.

22. Bacqué M.-F., *Apprivoiser la mort*, Odile Jacob, 2003.

23. Basset L., « La Toussaint transfigure le vide de la mort », *Le Figaro*, 2 novembre 2006, p. 14.

24. Conseil économique, social et environnemental (CESE), « L'accompagnement des personnes en fin de vie », avis cité, p. 1.

25. In Jacquemin D. (dir), *Manuel de soins palliatifs*, Dunod, 2002, p. 119.

26. Cité dans Van Eersel P., *Réapprivoiser la mort*, Livre de poche, 1999.

27. Dr Delbecque H., « Les soins palliatifs aujourd'hui », in *L'Accompagnement à la mort, ultime solidarité, paroles de témoins*, ouv. coll., préface de l'abbé Pierre, Éditions du Signe, 2003, p. 326.

28. Ringlet G., *Ceci est mon corps, journal d'un dénuement*, Albin Michel, 2008, p163

29. Higgins, R. W., « L'invention du mourant : violence de la mort pacifiée », *Esprit*, janvier 2003, p. 139 et s.

30. « Quant à la mort, [elle] n'implique aucune positivité d'aucune sorte : le vivant est aux prises avec la stérile et mortelle antithèse et se défend désespérément contre le non-être. La mort est le pur, l'absolu empêchement de se réaliser. » Jankélévitch V., *Penser la mort ?*, Liana Levi, 1994.

31. Enquête IFOP pour la Fondation PFG, « Les Français et la mort », novembre 2010 ; enquête TNS SOFRES-Logica pour *Philosophie magazine*, « Les Français et la mort », septembre 2010.

32. « Étude exploratoire sur les connaissances, représentations et perceptions à l'égard des soins palliatifs et de l'accompagnement », étude du CREDOC pour l'INPES, juillet 2003

33. En premier (39 %) vient la peur de souffrir (registre physique) suivie de près (27 %) par la peur de la déchéance (registre psychologique). La peur de l'inconnu (registre spirituel) et la peur de l'isolement (registre social) recueillent respectivement 18 % et 16 % des réponses. Enquête réalisée auprès d'un public d'un millier de soignants, psychologues, bénévoles, journalistes et représentants du grand public sensibilisés à la question de la fin de vie à l'occasion des 1res assises nationales de l'accompagnement, Paris, octobre 2003. Dans le sondage *IFOP/Le Pèlerin* de septembre 2012, la peur de la solitude vient en cinquième position (12 %), loin derrière la peur de ne plus être autonome (43 %), d'être une charge (32 %), de souffrir physiquement (29 %) ou de perdre la tête (25 %).

34. Observatoire national de la fin de vie (ONFV), *Fin de vie : un premier état des lieux*, *op. cit.*, p. 51 et s.

35. Lemieux R., « Misère de la religion, grandeur du spirituel », texte établi à partir d'une conférence au congrès « Événement 2000... Le bilan de santé du spirituel et du religieux », Montréal, 28 septembre 2000 disponible sur http://misraim3.free.fr/divers/misere_de_la_religion.pdf, p. 5.

36. Cavey M., « Place du bénévole dans l'accompagnement spirituel », in Montheil M. (dir.), *Mort, éthique, spiritualité*,

PUF et Fondation de France, coll. « L'esprit du temps », 1997, p. 181.

37. Circulaire du ministère de la Santé DGS/3D du 26 août 1986 relative à l'organisation des soins et à l'accompagnement des malades en phase terminale.

38. Maslow H. A., *Motivation and Personality*, New York, Harper and Row, 1970.

39. Henderson V., *La Nature des soins infirmiers*, Interéditions, 1997.

40. Rougeron C., *La Dimension spirituelle de l'accompagnement des patients en fin de vie, besoins et chemins d'expression du patient, missions des accompagnants*, thèse de sciences biologiques et médicales, université Paris V, p. 35 et s.

41. Poiroud V., mémoire de gériatrie, extraits publiés dans la revue *ASP Liaisons*, juin 2006.

42. Sogyal Rimpoché, *Le Livre tibétain de la vie et de la mort*, *op. cit.*, p. 245.

43. L'étude *European Values Study* de 2008, analysée par Paul Bréchon et Jean-François Tchernia (*La France à travers ses valeurs*, Armand Colin, 2008), confirme globalement la perte d'identité religieuse qui se traduit par une perte des croyances et une baisse des pratiques. On y lit que 53 % des Français déclarent croire en Dieu, mais répondent massivement non aux croyances en une vie après la mort (54 %), à l'enfer (76 %) et au paradis (62 %) même si, parmi l'érosion des croyances, ce sont ces dernières qui semblent encore le mieux résister. Dans le même ordre d'idées, le sondage CSA-*Le Monde des religions* de 2007 révèle que seuls 10 % des catholiques déclarent encore croire en la résurrection des morts alors que 26 % d'entre eux pensent désormais qu'il n'y a rien après la mort (8 % croient en la réincarnation, 53 % pensent qu'il y a quelque chose mais ne savent pas quoi, 3 % sont sans opinion).

44. Assemblée nationale, rapport de la mission d'information sur l'accompagnement de la fin de vie, n° 1708, 30 juin 2004, p. 83.

45. Paul M., *L'Accompagnement, une posture professionnelle spécifique*, L'Harmattan, 2004, p. 13.

46. Salamagne M., Hirsch E., *Accompagner jusqu'au bout de la vie*, Cerf, 1993, p. 27.

47. In Montheil M. (dir.), *Mort, éthique, spiritualité, op. cit.*, p. 289.

48. Salamagne M., Hirsch E., *Accompagner jusqu'au bout de la vie, op. cit.*, p. 100.

49. Éditorial du bulletin de l'Ordre en janvier 1992.

50. Aubry R., module de formation PACES UE 7, « La souffrance », faculté de médecine de Besançon, année universitaire 2011-2012.

51. Ministère de l'Emploi et de la Solidarité, « Plan lutte contre la douleur, 1998-2000 ».

52. Saunders C., Baines M., *Living With Dying, the Management of Terminal Disease*, New York, Oxford University Press, 1983 ; *La Vie aidant la mort*, Medsi, 1986 ; et Saunders C., *L'Hospice, un lieu de rencontre pour la science et la religion : le savant et la foi, des scientifiques s'expriment*, introduction de Jean Delumeau, Flammarion, 1989.

53. Jacquemin D., *Manuel de soins palliatifs, op. cit.*, p. 119.

54. Cyprien de Carthage, Ambroise de Milan, *Le Chrétien devant la mort, op. cit.*

55. Augustin (saint), *Cité de Dieu*, VIII, 4-5, trad. de Louis Moreau (1846), revue par J.-C. Eslin, Paris, Le Seuil, 1994.

56. Pie XII, « Problèmes religieux et moraux de l'analgésie », *Documentation catholique*, n° 1267, 1957, col. 1605.

57. Sur l'analgésie des mourants, la réponse de Pie XII est assurément complexe et mérite des développements qui débordent le cadre de cette étude, notamment sur les enjeux du « double

effet » et sur la vigilance éthique et spirituelle à avoir en telle situation. Propos analysés notamment par Patrick Verspieren dans *Biologie, médecine, et éthique*, Le Centurion, 1987, p. 347-364.

58. Jean-Paul II, lettre apostolique *Salvifici doloris*, 11 février 1984.

59. Conseil pontifical pour la pastorale des services de la santé, *Charte des personnels de la santé*, Cité du Vatican, 1995, n° 53.

60. Académie pontificale pour la vie, 5e assemblée générale, *La Dignité du mourant* et *Déclaration finale*, Cité du Vatican, 24-27 février 1999.

61. Déclaration des évêques catholiques de Belgique consultée en juin 2004 sur le site http://www.catho.be.

62. Baubérot J., Mathieu S., *Histoire de la religion, modernité et culture au Royaume-Uni et en France*, Points Seuil, 2002. ; Rey R., *Histoire de la douleur,* La Découverte, 2000.

63. Jean-Paul II, lettre apostolique motu proprio *Dolentium hominum* de constitution du Conseil pontifical pour la pastorale des services de la santé, 11 février 1985.

64. Jean-Paul II, lettre apostolique *Salvifici doloris*, texte cité.

65. *Ibid.*

66. Assemblée nationale, rapport n° 1563 de Mme Marin-Moskovitz, 29 avril 1999.

67. Assemblée nationale, compte rendu analytique officiel, 6 mai 1999.

68. Ministère de la Santé, circulaire n° 2002\98 du 19 février 2002 relative à l'organisation des soins palliatifs et de l'accompagnement.

69. Voir en ce sens Castra M., *Bien mourir, sociologie des soins palliatifs*, PUF, 2003, p. 21 et s.

70. Assemblée nationale, compte rendu analytique officiel, 6 mai 1999.

71. Ministère de la Santé, « Programme national de développement des soins palliatifs, 2002-2005 ».

72. Comité consultatif national d'éthique, « Avis sur : Fin de vie, arrêt de vie, euthanasie », n° 63, 27 janvier 2002, p. 3.

73. « La réponse psychique à la douleur physique est la souffrance, douleur de l'âme, angoisse et deuil devant la trahison du corps. Douleur et souffrance envahissent le champ de la conscience du malade et contribuent à accroître son sentiment de solitude. » Ordre national des médecins, « Code de déontologie médicale », commentaire de l'article 37, paragraphe 1, 1995.

74. Jacquemin D., *Manuel de soins palliatifs, op. cit.*

75. Rougeron C., *La Dimension spirituelle de l'accompagnement des patients en fin de vie, besoins et chemins d'expression du patient, missions des accompagnants,* thèse citée.

76. Éres, 2006.

77. *Les Carnets de l'espace éthique de Bretagne occidentale*, n° 2, Sauramps Médical, 2010.

78. « Is Spirituality Good for your Health ? » (La spiritualité est-elle bonne pour votre santé ?), conférence donnée le 28 octobre 2005 au National Institute of Health, Bethesda (MD).

79. Benoît XVI, encyclique *Deus caritas est*, 2006, n° 5, p. 3.

80. Ameisen J.-C., *La Sculpture du vivant, le suicide cellulaire ou la mort créatrice*, Points Seuil, 2003, p. 104 et s.

81. Ameisen J.-C., Hervieu-Léger D., Hirsch E., *Qu'est-ce que mourir ?*, Le Pommier, 2003.

82. Fromaget M., *L'Homme tridimensionnel*, Albin Michel, 1996.

83. Fromaget M., *Naître et mourir : anthropologie spirituelle et accompagnement des mourants*, F.-X. de Guibert, 2007, p. 177 et quatrième de couverture.

84. *Ibid*, p. 57-58.

85. In Ameisen J.-C., Hervieu-Léger D., Hirsch E., *Qu'est-ce que mourir ?, op. cit.*, p. 64 et s.

86. « Que peut-on entendre par besoins spirituels ? Peut-on accompagner les mourants sur ce chemin aussi ? », *Revue JALMALV*, n° 12, 1988, p. 22.

87. In Montheil M. (dir.), *Mort, éthique, spiritualité, op. cit.*, p. 289.

88. Jobin G., *Des religions à la spiritualité, une appropriation biomédicale du religieux dans l'hôpital*, Lumen Vitae, coll. « Soins et spiritualité », 2012.

89. Zundel, M., *L'expérience de la mort*, revue « Choisir », Genève, n° 36, octobre 1962.

90. Gauchet M., *Le Désenchantement du monde*, Gallimard, 1985.

91. Willaime J.-P., « Reconfigurations ultramodernes », *Effervescences religieuses dans le monde, Esprit*, mars-avril 2007.

92. Lemieux R., « Misère de la religion, grandeur du spirituel », art. cité.

93. Villers G. de, *Malgré la nuit*, Desclée de Brouwer, 1998.

94. Davie G., Hervieu-Léger D., *Identités religieuses en Europe*, La Découverte, 1996.

95. Matray B., *Le spirituel et le religieux : essai de mise en perspective*, Centre Sèvres, cité par C. Rougeron dans *La dimension spirituelle de l'accompagnement des mourants en fin de vie*, thèse, 1999, p. 34.

96. Lemieux R., « Misère de la religion, grandeur du spirituel », art. cité, p. 6.

97. Baud, R. C., « L'accompagnement des mourants, un chemin initiatique menant du "pour" au "parce que", interview, *Terre du Ciel*, n° 72, avril 2004, p. 69.

98. Distinction avancée par le psychanalyste Jacques Sedat, « La rencontre en psychanalyse », *Actes du 2e colloque de l'espace analytique franco-tunisien*, Tunis, Cérès, 2007, p. 10.

99. Echard B., *La Souffrance spirituelle du patient en fin de vie, op. cit.*, p. 252.

100. In Jacquemin D., *Manuel de soins palliatifs, op. cit.*, p. 119.

101. Verdier F., *Passagère du silence*, Albin Michel, 2003.

102. M'Uzan M. de, « Le travail du trépas », *op. cit.*

103. Conseil de l'Europe, recommandation Rec(2003)24 du Comité des ministres aux États membres sur l'organisation des soins palliatifs.

104. Académie pontificale pour la vie, *La Dignité du mourant* et *Déclaration finale*, textes cités.

105. Salamagne M., Hirsch E., *Accompagner jusqu'au bout de la vie*, *op. cit.*, p. 80.

106. Cité dans « L'accompagnement spirituel débattu en profondeur », *La Croix*, 18 juin 2007.

107. Cyprien de Carthage, Ambroise de Milan, *Le Chrétien devant la mort*, *op. cit.*

108. Oblates de l'Eucharistie, *Un autre goût de la vie*, *op. cit.*, p. 25.

109. *Ibid*, p. 37.

110. Les références sont extraites du livre de Jean-Yves Leloup, *Le Livre des morts, tibétain, égyptien, chrétien*, *op. cit.*, p. 483 et s.

111. *Op. cit.* Sa transcription et son interprétation du *Bardo-Thödol* constituent la version occidentale la plus connue. Mais il existe d'autres éditions et d'autres auteurs, notamment *Bardo-thödol, livre tibétain des morts*, ouv. coll., Albin Michel, 2000, et *Le Livre des morts tibétain*, Livre de poche, 1997, qui ont connu également un grand succès.

112. Le bouddhisme pourrait se situer à égalité avec le judaïsme, autour de six cent mille fidèles. Fabrice Midal hasarde une estimation de cinq millions de sympathisants, de quatre cent mille à cinq cent mille fidèles d'origine asiatique et de deux cent mille Français de souche. Frédéric Lenoir, auteur d'une étude sur le bouddhisme en France (thèse EHESS de 1999), estime quant à lui que depuis dix ans, le nombre de convertis n'a pas réellement évolué et se situe autour de cent cinquante mille.

113. Sogyal Rimpoché, *Le Livre tibétain de la vie et de la mort*, *op. cit.*, p. 242-257 et p. 290.

114. Hennezel M. de, « La distance intime », *European Journal of Palliative Care*, 1998, 5(2).

115. Saunders C., « I was sick and you visited me », *Christian Nurse International*, 3, n° 4, 1987

116. Citée *in* Abiven M., *Pour une mort plus humaine : expérience d'une unité hospitalière de soins palliatifs*, Masson, 2004.

117. Levinas E., *Éthique et infini*, Livre de poche, 1982, p. 82.

118. Conférence plénière intitulée « Éthique et spiritualité », congrès de la SFAP, Grenoble, 15 juin 2007.

119. Pour aller plus loin dans une tentative de distinction des deux concepts, lire Châtel T., « Éthique du "prendre soin" : sollicitude, care, accompagnement », in *Traité de bioéthique*, E. Hirsch (dir.), t. 1, Érès, 2010, p. 84-94.

120. In Oblates de l'Eucharistie, *Un autre goût de la vie*, *op. cit.*, préface.

121. Van Eersel P., *Réapprivoiser la mort, op. cit.*

122. Sur la vigilance comme critère éthique, on lira avec intérêt l'ouvrage de Sylvie Pandelé, *La Grande Vulnérabilité, fin de vie, personnes âgées, handicap, esquisse d'une éthique de l'accompagnement*, Éditions Seli Arslan, 2007.

123. Mauss M., *Sociologie et anthropologie, essai sur le don*, PUF, 1999.

124. Kant E., *Fondements de la métaphysique des mœurs*, 1785.

125. Pour aller plus loin sur cette question, on se référera avec grand intérêt à deux ouvrages particulièrement éclairants : celui du philosophe Jacques Ricot, *Éthique du soin ultime*, Éditions de l'EHESP, 2010, et celui du philosophe Éric Fiat, *Grandeurs et misères des hommes, petit traité de dignité*, Larousse, 2010.

Depuis la loi Leoretti de 2005, moins de 3 % des médecins généralistes et à peine 15 % des paramédicaux ont été soigneusement formés aux soins palliatifs. Observatoire national de la fin de vie (Onfav), *Fin de vie : un premier état des lieux*, *op. cit.*, p. 267 et s.

126. Engelhardt H. T. Jr., *The Foundations of Bioethics*, New York, Oxford University Press, 1986, cité dans De Koninck T., *De la dignité humaine*, PUF, 1995.

127. Ce que confirme Guy Le Bouëdec, professeur émérite à l'université catholique d'Angers, pour qui « il n'y a d'accompagnement que spirituel ». Lire à cet égard ses articles « La fonction d'accompagnement dans le cheminement spirituel au sein de la tradition chrétienne », in Pineau G. (dir.), *Accompagnements et histoire de vie*, L'Harmattan, 1998, p. 473-194, et « Spécificité de la posture d'accompagnement », *Revue d'éthique et de théologie morale*, n° 222, Cerf, septembre 2002.

128. Comme pour l'accompagnement, on devrait d'ailleurs ne parler que de « moments de soin », ainsi que le suggère très judicieusement Virginie Pirard dans « Qu'est-ce qu'un soin ? », *Esprit*, janvier 2006, p. 83.

129. « L'accompagnement des mourants, un chemin initiatique menant du "pour" au "parce que" », art. cité, p. 66 et s.

Table

Composition Nord Compo
Impression CPI Bussière en mars 2014
à Saint-Amand-Montrond (Cher)
Éditions Albin Michel
22, rue Huyghens, 75014 Paris
www.albin-michel.fr

ISBN : 978-2-226-24535-9
N° d'édition : 18798/03. – N° d'impression : 2008932.
Dépôt légal : janvier 2013.
Imprimé en France.